义务教育公平问题研究
——从资源均衡配置到社会阶层关照

任春荣　著

知识产权出版社

全国百佳图书出版单位

图书在版编目（CIP）数据

义务教育公平问题研究：从资源均衡配置到社会阶层关照/任春荣著 . —北京：知识产权出版社，2016.10

ISBN 978 – 7 – 5130 – 4535 – 3

Ⅰ.①义… Ⅱ.①任… Ⅲ.①义务教育—发展—研究—中国 Ⅳ.①G522.3

中国版本图书馆 CIP 数据核字（2016）第 256280 号

责任编辑：刘丽丽　　　　　　　　　责任校对：潘凤越

封面设计：陶建胜　　　　　　　　　责任出版：刘译文

义务教育公平问题研究
——从资源均衡配置到社会阶层关照

任春荣　著

出版发行：知识产权出版社有限责任公司	网　　址：http://www.ipph.cn
社　　址：北京市海淀区西外太平庄 55 号	邮　　编：100081
责编电话：010 – 82000860 转 8252	责编邮箱：liuli8260@163.com
发行电话：010 – 82000860 转 8101/8102	发行传真：010 – 82000893/82005070/82000270
印　　刷：北京嘉恒彩色印刷有限责任公司	经　　销：各大网上书店、新华书店及相关专业书店
开　　本：787mm×1092mm　1/16	印　　张：12.5
版　　次：2016 年 10 月第 1 版	印　　次：2016 年 10 月第 1 次印刷
字　　数：191 千字	定　　价：32.00 元

ISBN 978-7-5130-4535-3

序

义务教育是各级各类教育的重中之重，义务教育均衡发展是义务教育各项工作的重中之重。推进义务教育均衡发展，关乎教育公平，关乎教育质量，关乎千家万户切身利益。我国正处在经济社会发展和教育改革创新的关键时期。在人力资源大国向人力资源强国转变过程中，义务教育实现了全面普及，进入了一个注重均衡发展、内涵发展、规范发展的新阶段。全面缩小义务教育差距、整体提升义务教育质量、主动回应人民群众对教育公平的关切，已势在必行。在此进程中，必须着力缩小义务教育在地区之间、城乡之间、学校之间的办学条件、教育质量、学校品质以及群众认可度方面的差异，缩小不同群体之间接受义务教育的机会、受关爱的程度等方面的差距，让教育公平的阳光普照中华大地。

我国经济社会高速发展，但发展中不平衡、不协调、不可持续问题也比较突出，城乡区域发展差距和居民收入分配差距较为明显。全国基础教育满意度调查结果显示，家庭经济条件最好的比最差的群体总体满意度指数及有关各指数较高。义务教育公平工作应如何进行改进才能让全体人民更好地共享发展的利益，产生获得感？为了回答相关问题，中国教科院任春荣博士的新书《义务教育公平问题研究——从资源均衡配置到社会阶层关照》分析了我国义务教育公平现阶段的重点任务、推进工作中的薄弱环节、最大弱势群体状况，发现教育公平工作从资源配置的评价导向到资源配置内容对资源使用对象的所处环境和需求考虑不足；教育过程的人际互动存在阶层差异，这种差异与人民获得感密切相关；庞大的留守儿童群体与进城务工子女相比，其父母学历水平和就业能力都较差，抚养负担和收入等因素都是形成留守现象的重要因素。通过研究，她建议义务教育公平工作应以阶层关照为基本原则提高实效，资源配置要考虑资源使用者的阶层特征，教育教学活动要考虑阶层的差异。义务教育阶段的学生来源于不同的家庭，阶层的差异不仅仅体现在家庭资本的差异上，也体现在文化资本、生长环境、人际交往、价值判断等多方面。义务教育公平工作在继续做好学校标准化建设、资源均衡配置工作的同时，要关心和照顾服务对象的阶层特征，进一步提高工作实效，这将成为我国义务教育公平工作的一个新的抓手。

本书创新性地提出"阶层关照"这个原则，从社会建设角度研究如何提高义务教育公平的实效性。义务教育公平政策是教育政策也是社会政策，阶层关照参考了社会政策领域的社会关照原则，贫困寄宿生的生活补助、集中连片特困地区农村学生的营养餐、留守儿童关爱服务体系，都属于社会政策领域的直接关照范畴。这些关照措施大部分是按照地区来落实的，比如营养改善计划，不论学生家庭财政状况，只要在试点地区的农村学校就读即给予补助，而因学校撤并到县城上学的农村学生、或者家在县城的贫困生就没有这个补助。面向人群的政策缺乏精准性与学生家庭情况鉴定困难有关，随着民政工作的深入以及电子学籍档案的完善，我国教育公平政策也将越来越能够提高效率。阶层关照的视角要求认真了解教育服务对象——人民的特征。中国已经形成不同的社会阶层，义务教育必须承担整合社会的职能。我们的义务教育公平事业不再是增加投入那么简单。不同家庭背景的学生对资源的要求会有不同，正如书中所述，部分家庭的儿童可能还需要政府为学校提供额外的家庭作业耗材，否则无法完成课程标准要求的作业任务。农村学校缺乏音乐教师，配置的电子琴闲置生灰，如果配置上二胡等农村常见乐器，从村里聘请民间能手，也许农村学校的音乐课就开起来了。农民是十大社会阶层中人口最多的阶层，但是，在课程资源的开发中，农村文化没有获得应有地位和尊重。阶层关照还包含了教育教学过程中不同家庭背景学生的机会公平，以及对各阶层心理特征的关照。研究发现，低阶层学生与老师之间存在较高的误解概率，有更高比例的低阶层学生无法预测教师情绪，却又对教师的表情和语气很在意，这提示我们的教师要多研究学生的心理和成长环境，注意其日常言行。

本书对师生关系、家校关系的认识也很新颖。一是，认为师生关系、家校关系反映了社会分化对学校教育的渗透，将互动质量的好坏全部归因于教师职业道德无助于问题解决。师生关系、家校关系是教育过程中的人际互动，本书对人际互动中的公平研究，一方面调查学生的公平感，另一方面更是深入分析人际互动中出现了哪些阶层差异，而这些阶层差异的发现才能真正说明，为什么我们的教育事业致力于社会公平却复制社会阶层，为什么教师觉得自己对学生一视同仁却不被认可。本书研究发现，让学生回答哪些因素影响了教师对学生的态度，中高阶层的学生都比较看重说话做事的方式，而较低阶层学生最看重成绩。二是，强调了人际互动的公平感对社会稳定和发展的重要性。学生感知到的师生关系不公平现象不论是客观的不公平，还是学生自己认知判断的原因，当师生关系的感知出现阶层性的群体差异时，就会形成集体态度倾向进而控制社会舆论。校舍建得再漂亮、教学仪器再多，如果师生关系和家校关系出现状况，社会也会对教育公平工作不满意。本书将教育过程中的这类人际互动比喻为教育公平的最后一公里，是非常恰当的警语。

在受教育者中有一类比较弱势的群体叫农村留守儿童。他们是指父母双方外出务工或一方外出务工另一方无监护能力、不满十六周岁的未成年人。留守儿童现象在 20 世纪 90 年代就已比较普遍。而自 21 世纪初叶以来，随着我国经济社会发展和工业化、城镇化进程推进，更多农村劳动力为改善家庭经济状况、寻求更好发展，走出家乡务工、创业。受工作不稳定和居住、教育、照料等客观条件限制，有的父母选择将未成年子女留在家乡交由孩子的爷爷奶奶、外公外婆或其他人监护照料，导致更大群体农村留守儿童出现。农村劳动力外出务工为我国经济建设做出了积极贡献，对改善自身家庭经济状况起到了重要作用，客观上为子女的教育和成长创造了一定的物质条件，但也导致部分儿童与父母长期分离，缺乏亲情关爱和有效监护，出现心理健康问题甚至极端行为，遭受意外伤害甚至不法侵害。所以，对留守儿童要给予特别的教育、关爱与服务。事实上，各地区、各有关部门积极开展农村留守儿童关爱保护工作，对促进广大农村留守儿童健康成长起到了积极作用，但工作中还存在一些薄弱环节，比如关爱服务体系不完善、救助保护机制不健全等，农村留守儿童关爱保护工作亟待加强。留守儿童问题十分复杂，它是我国经济社会发展中的阶段性问题，是我国城乡发展不均衡、公共服务不均等、社会保障不完善等问题的深刻反映。因此，本书跳出义务教育范畴，建议对农村教育进行系统性地改革，满足各年龄段农村人口的教育需求，深入解决农村留守儿童问题。

百年大计，教育为本；教育大计，教师为本。促进教育公平，提高教育质量，关爱留守儿童，基本实现教育现代化，都必须紧紧依靠广大教师。全面加强教师队伍建设是"十三五"和今后相当长一段时期面临的重大而紧迫的任务。必须全面提升教师素质能力，加强师德师风养成，提升教师地位待遇，重视乡村教师队伍，不断改善教师治理，促进校长专业发展，努力建设一支让党放心、人民满意的高素质、专业化、创新型教师队伍。政府均衡配置资源，人民会有获得，而形成获得感还需要教师搭桥。本书用社会学的文化资本论和心理学的自我损耗理论来解释人际互动感知的阶层差异，并介绍了国外教师培养包含认识社会分化、教育教学公平的技能训练等有益经验。教师也要学习一些社会学的知识、学习一些心理学的知识，在日常工作中发挥好整合社会、提高人民获得感的作用。教师交流政策也需要广大教师的支持，才能真正起到均衡校际教育质量的作用。各级政策制定者要注意程序公平和激励要素多措并举，让更多教师在职业上有幸福感、在岗位上有成就感、在社会上有荣誉感。

任春荣同志从事义务教育和评价研究20余年，这本书体现了她多年的学术积累和对中国社会公平问题的深刻认识。从本书我们可以看到她宽阔的研究视野，真正将教育公平放在社会公平系统内进行研究。在农村学校布局和建设方面考虑地方治理的特点；课程资源的分析关注其他领域社会公共服务的城乡差异和地区差异的影响；留守儿童问题研究着眼于打破代际传递，探讨面向农村弱势群体的教育内容和结构的系统性改革；国际比较也放在广阔的范围，研究芬兰和美国的小规模农村学校在课程建设上的做法，一并分析发达国家和不发达国家的留守儿童现象，有助于为我国留守儿童现象正确定位。本书对于教育研究者、教育政策制定者、广大教师都有很好的参考价值。

王定华

教授、国家督学、教育部教师工作司司长

目　录

绪　论

一、研究背景、研究现状与问题提出

（一）现实背景

我国义务教育公平实践有比较明显的阶段性特征，20世纪以基本普及义务教育为重点，21世纪初，西部地区实施"两基攻坚"计划，扩大义务教育覆盖面，同时义务教育基本资源配置均衡提上了日程。《国家中长期教育改革和发展规划纲要（2010～2020年)》提出，缩小校际、城乡、区域教育差距，保障人民群众接受良好教育的机会。这个文件指导了近年来中央和地方的义务教育公平政策的制定。各级政府以县域义务教育资源的均衡配置为重点任务，管理上加大了省级统筹力度和督导评估力度。以公平为目标的经费投入集中在办学条件改善方面，从效率优先、大面积投入再到重视底部和短板。对人力资源均衡配置的投入相对较少，主要采取体制机制改革方式落实，如乡村教师支持计划、教师交流制度、特岗教师计划等。义务教育公平政策、工程和计划的广泛实施，使义务教育保障水平得到大幅度提高。2000年，全国普通小学生均预算内事业费支出为491.58元，初中为679.81元。[1] 到2014年，生均公共财政预算教育事业费普通小学已达7681.02元，普通初中达10359.33元，虽然GDP增速下降，比2013年增长了12.61%和13.78%。[2] 义务教育的免费政策从免杂费、免书本费、补助寄宿生生活费，再到农村义务

---

[1] 教育部国家统计局财政部. 2001. 关于2000年全国教育经费执行情况统计公告（教财［2001］23号）［R］. http://www.moe.gov.cn/s78/A05/cws_ left/s3040/201005/t20100527_ 88450.html

[2] 教育部国家统计局财政部. 2015. 2014年全国教育经费执行情况统计公告（教财［2015］9号）［R］. http://www.moe.gov.cn/srcsite/A05/s3040/201510/t20151013_ 213129.html

教育学生营养改善计划，免费种类越来越多。为了推动义务教育公平工作和检查工作效果，2012 年，国家开始实施县域义务教育均衡发展督导评估制度，逐县评估义务教育发展的均衡状况，目前全国已经有过半区县通过了义务教育基本均衡县的评估认定。这个评估的硬性指标均为基础性的物质和人力资源配置指标，虽然入学率、辍学率等教育机会指标仍旧在评估体系中存在，但已经不是重点。

总体来说，义务教育公平政策内容上聚焦于某些资源的配置，以生均数量或百分率达标为配置标准；认识上用均衡或者差异系数表达对公平的追求，在范围上关注的是地域、城乡和校际差异，较少考虑资源配置对象阶层差异可能导致的需求的不同和公平感的不同。

2000 年以前，我国义务教育阶段的入学机会尚未得到全面保障，整体发展水平低，存在较大的城乡资源配置水平差异，公平还不是社会热点词汇。❶ 2001 年，义务教育管理体制实施改革，从此人民教育人民办逐渐转变为人民教育政府办，虽然政府承担了越来越多的责任，义务教育公平问题却逐渐成为我国社会当下的热点问题、焦点问题。这与多方面因素有关，首先，与义务教育公平是社会公平的基础这一本质属性有关，相比其他教育阶段，社会对贫富差距的焦虑更容易传递到义务教育领域；其次，公平的定义与测量都取决于人们的认识和态度。随着社会的进步，社会的权利意识越来越强，从国家到民众对义务教育公平的要求越来越高；另外，义务教育发展存在客观上的不公平现象，政府的努力与人民的需求之间存在差距。

（二）研究现状述评

义务教育公平领域内的研究主题不外乎受教育权利的公平和实现机制的公平性及其评价，针对义务教育公平是什么、义务教育存在哪些不公平现象、为什么存在不公平现象、如何才能实现公平、怎样评价教育公平等问题展开

---

❶ 谢维和. 中国教育公平的阶段性分析［N］. 光明日报，2015 - 04 - 28 (014).

基础理论和实践研究。❶ 基础理论研究包括义务教育公平的内涵、理论依据、与效率的关系、与质量的关系等。2000 年以后，由于政策实践上开始强调政府投入的主体责任，义务教育公平的学术研究内容也以政府的职责和资源配置为主流，同时对群体的关注则响应人口流动的社会大背景，着力研究流动人口受教育权保障。各类研究的政策建议大部分都呼吁加大政府投入，一方面说明政府在某些方面确实有投入不足的问题，另一方面也说明问题解决方式的简单化。课程作为教育教学活动的核心资源，其配置问题相关研究明显薄弱。英国教育哲学家伯恩斯坦曾经指出："一个社会如何选择、分类、分配、传递和评价它公认的教育知识，既反映了社会权力的分配，又反映了社会控制的原则"。❷ 而我国农村学校课程不仅存在开齐开足的困难，还存在对农村社会和家庭的适切性的争论，它们均是当前农村义务教育的突出问题。

社会阶层影响也是老生常谈、常谈常新的教育公平研究的主题，我国相关研究集中在择校、入学机会保障方面的讨论以及学习结果阶层差异的证明等方面。对于社会阶层或者家庭如何影响了学校教育结果，学校如何适应社会阶层分化，则非常缺乏相应的研究。对流动人口的研究、对农村教育问题的研究，也极少从阶层分化视角出发。农村留守儿童是义务教育阶段最大的弱势群体，有关研究侧重于留守现象产生的原因和处境不利的表现，但在研究方法上缺乏群体对比，尤其是与父母同为流动人口的随迁儿童的对比。重点大学里来自农村和贫困家庭的学生越来越少，寒门难出贵子已经是普遍现象，而这只是学业水平的阶层差异在高等教育阶段显现出来。阶层差异当然不是在高考时才形成的，有调查显示，低社会阶层家庭中小学生的公平感显著低于其他阶层❸，其中原因尚缺乏深入分析。

---

❶ 沈有禄，谯欣怡. 教育权利：从机会均等到实现权利保障的平等［J］. 教育学术月刊，2010（4）：7 – 11.
王少峰. 义务教育公平研究文献综述［J］. 经济社会体制比较，2014（3）：213 – 218.
章露红. 二十年来我国教育公平研究的学术进展［J］. 复旦教育论坛. 2015，13（4）：39 – 45，56.
❷ 王冬凌等. 现代课程论［M］. 大连：辽宁师范大学出版社，1998：45.
❸ "全国教育满意度测评研究"课题组. 基础教育满意度实证研究［J］. 教育研究，2016（06）：31 – 42.

(三) 研究问题

社会政策制定有一个基本原则——社会关照，它在教育政策中落实还不够充分。社会关照是"社会政策面向弱势群体权益保护采取的基本原则之一，对弱势群体的基本生活和各种社会权益加以关照和保护，使其免受市场机制和其他经济与社会因素的损害"。❶ 教育政策中对学生的阶层特征予以关照符合社会政策的属性要求，也有助于提高教育公平工作的精准性和效率。综合考虑义务教育公平推进工作的进展、现实中存在的问题以及以往有关研究的不足，本研究立足于阶层关照的视角，审视资源配置对教育服务对象阶层特征的关心和照顾，分析阶层差异的影响和阶层融合对教育的需求，提出以下研究问题：

问题1：谁决定给谁配置什么资源？

从治理角度看，当下作为核心任务的县域资源均衡配置的评估和导向应如何评价、有关决策和监督制度能否维护教育公平理念？从课程资源角度看，配置不公平主要表现于城市和农村居民后代之间，在农村社会文化贫困和就业与升学双重需求的环境下，城乡一体化应该怎么理解和实施？从人力资源角度看，为解决薄弱学校和农村学校缺乏优秀教师而实施的教师交流政策，是在教师群体怎样的公平观和自主权基础上实施的？实际交流效果应如何评价？

问题2：家庭如何影响了教育互动？

教育教学的互动中社会阶层如何对学生的发展产生了作用？师生关系和家校关系是教育活动中与家庭背景密切相关的主要互动关系，互动中的隐性阶层特征恰恰是互动双方难以认识到而又实实在在发挥作用的，潜移默化了学生发展的阶层差异。那么，互动关系中存在哪些阶层特征需要教师和决策者关照并对症下药？

问题3：什么样的家庭易于出现留守儿童？

与在城市学校就读的随迁儿童相比，留守儿童在农村学校就读且亲子分

---

❶ 关信平主编. 社会政策概论 [M]. 北京：高等教育出版社. 2014：10.

离，承受了双重的不利。从农村人口内部分化角度看，留守儿童和随迁儿童的发展差异、家庭差异有哪些特点？留守现象应如何避免代际的传递？

本书的研究目的是，探寻义务教育公平政策如何改进以应对社会的变化和人民的需求。回答上述问题，将有助于我国义务教育公平工作走向深入，为大规模建设之后、实现基本均衡之后，向何处走提供有针对性的建议。同时，在理论上丰富我国义务教育公平的研究，发现社会阶层效应在学校教育活动中的作用机制。

二、理论基础与核心概念

（一）理论基础

公平是人类社会的永恒主题，社会公平理论、教育公平理论积淀深厚，本书基于义务教育是基本公共服务重要内容这一点，从伦理学、经济学、社会学和教育学几个领域选择代表性理论作为本研究的理论基础。

罗尔斯❶的正义论对当代社会公平理论的发展和社会政策的制定产生了广泛影响。他提出了两个公平原则，第一个是原则平等自由的原则，第二个原则是机会的公正平等原则和差别原则的结合。第一个原则优先于第二个原则，第二个原则中的公平机会原则又优先于差别原则，只有在充分满足了前一个原则的前提下才能考虑后一个原则。第一个原则主要针对公民的政治权利讲自由的优先性，第二个原则针对社会和经济利益强调了正义对效率和福利的优先。两个原则的要义是平等分配各种基本权利和义务，同时尽量平等分配社会合作产生的利益和负担，为了让受惠最少的群体获得利益补偿也可以实施不平等分配。发达国家对低阶层子女的补偿教育、我国农村义务教育学生营养改善计划都是差别原则的体现。

横向公平、纵向公平和财富中立三原则是发达国家普遍采用的教育财政

---

❶ ［美］约翰罗尔斯. 何怀宏，何包钢，廖申白译. 正义论 ［M］. 中国社会科学出版社，1988：6－13.

原则❶。横向公平是指相同情况下教育投入标准相同，"相同条件"假设学生的天赋、学习环境等先天和后天的条件相同。在这个假设支持下，制定统一的生均教育经费拨款标准；纵向公平是指不同情况采取不同投入标准，因其背景而处于弱势地位的个体应该在教育财政体制中得到更多的资源。如，有特殊需求学生的教育经费按照普通学生经费标准的若干倍投入。对于个体来说，财富中立是指学生获得的教育财政资源与家庭财富以及所在地区的财富无关；对某一地区来说，财富中立是指该地区的教育资源不随本地区财政能力的不同而与其他地区产生较大差异，即生均教育经费和生均财富没有系统性的相关。这三个原则被推广到整个义务教育领域，扩展为群体内所有的成员都被平等地对待、群体内对不同的成员有差别地对待，以及每位学生的受教育结果不与学区财富相关。

布迪厄❷将学生的家庭资本划分为经济资本、文化资本和社会资本，资本的分配格局反映了社会位置之间的客观关系网络，即场域中各种力量、利益群体的竞争结果。学生家庭拥有的各类资本的差异导致了学生在教育机会、学习资源、学习环境、人际互动等多方面的阶层差异，最终影响了学生的学习结果，使社会通过学校教育实现社会阶层的再生产。布迪厄的理论提示我们，在资源分配上需要对低社会阶层进行补偿；也提示我们要认识到家庭社会阶层差异的影响不限于物质条件的支持或者课业辅导，要重视人的习性差异的影响。此外，课程知识的选择、课程门类的设置及选修课程的安排体现了深层次的教育公平问题。❸社会各阶层子弟享有的课程内容和类型的差异也是各类家庭资本共同作用的结果。

瑞典教育学家胡森❹认为，教育机会平等有起点平等、过程平等和结果平等三种形式或是三种形式的结合。起点平等强调受教育权利平等，即所有人都有机会接受正规学校教育；过程平等强调，无论儿童出身和天赋如何，

❶ 夏雪. 教育财政公平的度量 [J]. 教育发展研究. 2010 (9)：49 – 52，2.
❷ 郭海青. 试述布迪厄关系主义视角下的场域惯习理论 [J]. 武陵学刊，2008，33 (5)：45 – 48.
❸ 郭元祥. 对教育公平问题的理论思考 [J]. 教育研究. 2000 (3)：21 – 24，27.
❹ Husén, T. SocialInfluencesOnEducationAttainment [R]. Paris：OECD. 1975：16 – 40.

都可以有很多种方式保障其得到平等对待。法律面前人人平等，社会福利政策能保障每个人获得最低收入或者津贴，一元的学校教育体系对所有儿童一视同仁等。教育机会平等是教育政策的目标，政策制定应致力于促进教育结果的平等。只有教育结果公平才能帮助受教育者改善经济状况、参与决策过程，从而促进社会经济权利的平等。但是，教育机会公平不能简单地通过消除办学条件的障碍或者依据学业能力选拔人才作为民主化标准来实现。教育体系竞争越激烈，正规教育对于职业地位提升和社会阶层流动而言越重要，越有可能出现社会阶层差异。因此，教育机会平等，应是每个儿童开始在公立教育机构接受教育时，都有同等的机会得到不同方式的对待，保证不同禀赋都有机会得到发展。

（二）核心概念界定

义务教育公平是本研究的核心概念，涉及研究的内容、测量或者评价教育公平的方法，以及推进教育公平的原则。

在《现代汉语词典》中，公平是指"处理事情合情合理，不偏袒哪一方面"，❶ 指明公平蕴含着价值判断。教育法律法规中多用"平等"来表达权利拥有或者资源分配上的公平。平等指"人们在社会、政治、经济、法律等方面享有相等待遇"❷。比如，我国《义务教育法》规定"凡具有中华人民共和国国籍的适龄儿童、少年，不分性别、民族、种族、家庭财产状况、宗教信仰等，依法享有平等接受义务教育的权利，并履行接受义务教育的义务"。只要当时社会认为的平等要素实现了就被认可为公平，实现了机会平等的教育是公平的，具体哪些方面的机会平等、面向谁的机会平等则取决于历史时期和社会背景。一般情况下，公平和平等常常被混用，本研究也不做严格区分。

联合国教科文组织"教育 2030 行动框架"将教育公平定义为，"所有人，不论性别、年龄、种族、肤色、民族、语言、宗教、政治及其他政见、国籍

---

❶ 中国社会科学院语言研究所词典编辑室编. 现代汉语词典［M］. 北京：商务印书馆，1980：379.
❷ 中国社会科学院语言研究所词典编辑室编. 现代汉语词典［M］. 北京：商务印书馆，1980：870.

或社会出身、财产状况，无论是残障人士、移民、原住民、青年和儿童，尤其是处于弱势或被边缘化的人，都应当有机会接受全纳与平等的优质教育，并享有终身学习的机会"。其核心既关注入学机会的平等，也重视学生在入学后能否获得有效的学习结果。

我国《义务教育法》对义务教育公平的规定有几个要点，一是受教育权的平等，尤其需要优先关照的群体有农村、民族、家庭经济困难和残疾儿童；二是资源均衡配置，对农村和薄弱学校倾斜投入；三是通过禁止重点、非重点学校和班级的区分，体现质量公平。《义务教育法》的规定体现了我国政府对义务教育公平的理解和基本要求。

我国学界对教育公平的界定各有侧重。

郭元祥将教育平等和公平作为相同概念对待，教育平等实质上应是与一个人的受教育的利益、受教育的权利有关的相同性，它不仅涉及教育机会问题，而且涉及教育过程和教育结果。❶

褚宏启认为，教育机会平等是教育起点平等和教育过程平等，实质上是获取教育资源的机会的平等，教育结果平等是不可能实现的，因此不应列入教育机会平等的范围。教育公平是教育资源配置方面的平等原则、差异原则、补偿原则的统一。❷

石中英认为教育公平主要内涵包括人人享受平等的教育权利，人人平等地享有公共教育资源，公共教育资源配置向社会弱势群体倾斜，反对各种形式的教育特权。❸

本研究认为，义务教育公平包括起点公平、过程公平和结果公平三个递进阶段。起点公平主要是指入学机会，我国已经全面普及九年义务教育。过程公平是指就学过程的公平对待，包括学习机会的公平和资源配置的公平。资源包括物质条件、课程资源和教师资源三个核心部分。结果公平是指学业成就与个人出身、就读学校和地域等因素无关，与个人天赋和努力有关。三

---

❶ 郭元祥. 对教育公平问题的理论思考［J］. 教育研究，2000（3）：21-24，27.

❷ 褚宏启. 关于教育公平的几个基本理论问题［J］. 中国教育学刊，2006（12）：1-4.

❸ 石中英. 教育公平的主要内涵与社会意义［J］. 中国教育学刊，2008（03）：1-7.

个阶段的教育公平相互联系，没有起点公平，过程和结果的公平就不是面向所有人的，过程公平和结果公平又影响着教育选择，尤其是低阶层家庭对是否上学的决策。受教育对象总是因其家庭财富等因素从属于某个社会阶层，每一个阶段教育公平的实现必须关心、照顾学生的阶层特征，尤其是低阶层学生的特殊性，这也是限制教育的社会阶层再生产这一负面功能，促进社会公平的必要措施，实现国家战略目标人民共同富裕的基础。

基于以往实证研究、有关理论和文献分析，本研究对义务教育公平的基本认识是：

第一，义务教育公平的定义是一个历史范畴，随着社会的进步其内涵发生改变，表达了特定社会的价值取向。不同历史时期，人们对义务教育公平的，认识不同，对公平的要求也不一样。2000 年以前，对于"人民教育人民办"这种倡导社会并没有认为这是对农村地区的不公平。1986 年的《义务教育法》规定，"凡年满六周岁的儿童，不分性别、民族、种族，应当入学接受规定年限的义务教育"。2006 年修订版增加了家庭财产状况、宗教信仰等内容。

第二，义务教育公平是一个相对的范畴。受一国经济、政治、文化发展程度的制约，社会公平的实现程度，并不完全取决于人们的善良愿望，而是取决于社会生产力的发展程度和社会制度的完善程度。当一个范畴的不公平现象解决以后，新的不公平现象会出现或者被人们注意到，反映了人民对教育公平的追求和愿景。例如，流动人口子女受教育机会保障问题，社会最先关注进城务工人员子女在流入地的入学问题，入学机会得到保障后人们又关注升学机会和留守儿童群体的健康发展。

第三，教育公平是社会公平的基础。调整利益群体关系整合社会，最终促进社会公平是义务教育公平政策的重要任务。义务教育公平的措施是利益共享，但如果共享利益的人没有感受到利益的共享，整合作用将打折扣。不论是资源均衡配置还是倾斜投入，如果资源分配程序上、给予和接受的互动过程中受益者没有感受到公平对待，不公平感不会减弱。

第四，资源均衡配置是教育公平的一个类型。均衡的涵义是大家享有的资源一样多，学校标准化建设、教师编制标准和生均公用经费标准城乡统一，都属于横向公平类型。横向公平是基础工作，是教育公平的普遍性原则。教育资源不仅包括教师、办学条件和经费方面，也包括教育或者学习活动有关的课程资源，即教什么内容。课程资源的提供限定了学生学什么，得到什么。

第五，阶层关照是义务教育公平的内在特征。纵向公平或者差别原则的前提都是认可人的差异性，阶层差异是一个非常重要的差异。阶层是一个社会学概念，是一个职业群体区别于其他职业群体的共性特征。中国社会科学院"当代中国社会结构变迁研究"课题组以职业分类为基础、以组织资源、经济资源和文化资源的占有状况为标准，划分出当代中国的十个社会阶层❶。纵向公平或者差异原则要求资源配置应向低阶层倾斜。但资源的提供也只是教育或者学习发生的基础，学生的教育准备、思想和行为方式都带有社会阶层特点，能够导致相同资源条件不同教育效应。教育实施过程或师生互动过程中的差异恰恰是社会不平等通过学校再生产的机制，发现并有针对性地干预这些差异，才能切断社会阶层的代际传递。

三、研究思路、内容与方法

（一）研究思路与内容

本研究的基本思路是，义务教育公平之所以成为中国社会的热点问题，与社会分化大背景有关，义务教育公平研究以及推进工作都应以减轻经济社会的不平等、促进社会整合为目标，资源配置应考虑不同社会阶层使用者的需求差异；阶段任务上应从单纯的资源均衡配置，逐步走向关心教育教学活动中的社会阶层差异，照顾弱势群体的特殊需求。从以资源均衡配置为主要措施到各个环节的阶层关照，不仅是教育公平推进策略的改变，更是社会公平理念的践行。

---

❶ 陆学艺. 当代中国社会阶层研究报告［M］. 北京：社会科学文献出版社. 2002：22.

本书主要内容依据提出的研究问题设计为五章。第一章从社会治理角度讨论资源配置公平的评价和导向问题，以及导致地方政府决策、督导问责等推进教育公平不力的若干原因；第二章从内容资源配置角度讨论课程建设的城乡差异和教育城乡一体化背景下的解决思路；第三章从一线教师的视角评价教师交流政策设计的基层态度、实施状况和效果；第四章从教育互动的角度分析家庭背景如何影响师生关系，有助于改进微观公平环境；第五章从农村人口内部分化的角度分析留守儿童的处境和打破代际传递的教育策略。

（二）研究方法

教育的不公平与社会阶层的分化有关，也与社会治理能力有关，因此，研究义务教育公平问题不能局限于教育谈教育，本书每章的研究内容都关注了与教育公平关联的社会问题。地方经济发展和政绩考核对农村学校设置的影响、农村文化环境对农村学校课程建设的影响、农村整体环境对教师交流的影响等。中国属于后发国家，有些问题的解决可以借鉴国际经验，所以，采用国际比较的方法，介绍了发达国家的农村学校课程资源开发的做法、培养教师的阶层意识以及落实教育公平的技能等。每章因研究问题不同采用不同的研究设计，但总体上以量化研究方法为主，各章节均以大规模问卷调查数据和国家统计数据为支撑，并以访谈、座谈、网络帖子等质性数据为辅助，深入分析原因和对策，保障了研究的可靠性和深度。

对教育公平的价值取向或者认识决定了采取什么方法测算教育是否公平，因测算方法的不同结论也会不同。现有均衡系数算法以学校规模为权重表达了大规模学校更重要的价值观，本研究本着所有学校不论规模大小地位应该相同、学生获得的教育服务应该相同的理念，对各种测算方法进行比较。测算教学仪器设备配置均衡程度时，同时使用总量和生均计算方法，以解决小规模学校按生均方法掩盖资源配置的劣势的问题。

四、主要结论与研究意义

（一）主要结论

县域义务教育均衡发展督导评估是国家通过监督和检验的手段推动省、

县政府推进义务教育均衡工作，促进了办学条件的大幅改善和公平理念的传播。国家的八项核心评估指标信度较好，评估办法表达了横向公平的理念，即农村学校的办学条件应与城镇学校一样好，但也不能超过城镇学校的办学条件。例如，国家规定农村学校可多配置教师，如果按照规定多配置教师，则校际师生比差异系数会增大。通过均衡认定的区县，大班额问题仍旧突出。学生的流向反映了教育质量的差距，说明均衡评估需要进一步提高效度。我们需要理性看待教育督导问责在推动政府依法治教中的作用，依法治理教育的关键在于政府依法行政的落实。到2015年为止，全国小学和初中校舍面积中有三分之一是近10年新建的，校舍新建比例高有国家投入增大的原因，有过去低标准建设导致危房产生速度快等原因，也有地方政府迫切增加财政收入的驱动。对大班额与政府收入来源做相关分析发现，在大班额比例较高的省份，地方耕地占用税占地方财政收入比例也较高。在学生数量相同的情况下，生师比每增加1人，区县教师工资福利支出总量的对数减少0.359个标准差，因此，不断撤并学校再建新学校对增加地方收入有一定益处。

《县域义务教育均衡发展督导评估暂行办法》在对县级人民政府推进义务教育均衡发展工作评估指标及要求中有一个指标为，按照国家规定的义务教育课程方案开齐开足课程。农村学校在这个指标上面临的挑战较大，由于师资以及管理规范性的问题，农村学校小学科开设情况显著差于城市学校。并且农村学校也饱受应试倾向严重、办学封闭、脱离农村发展需求等批评。农村社区与学校没有形成一种互相支持的关系，农村社区没有给农村学校教育教学改革提供必要的人力、氛围、机构、物质资源等方面的外部支持，也降低了作为知识分子的教师群体坚守农村学校的意愿。在城镇化进程中应如何看待农村学校的课程建设？中央提出新型城镇化的特征是城乡一体化、城乡共同发展，教育领域的城乡一体化不仅应坚持课程标准一体化、课程开齐开足保障支持条件的一体化，更要给予农村社会环境与城市相同的教育资源地位，学习发达国家经验，依据情境学习理论将国家课程乡土化，拓展社区教育理念，在社区活动中进行教育教学、在学校教育中关怀社区发展，从以学术性为特征的服务性学习到社区服务，全面建立学校与社区的相互支持、互为义务的关系，促进农村社区和人口的共同发展。

教师是让办学条件发挥作用、落实课程的核心资源，是开展教育教学活动的主导。教师交流政策是我国向国外学习的先进经验，期望通过教师资源重组实现校际均衡配置的目标。本书分析发现，从理念上看，大部分教师认可教师交流制度是解决资源均衡配置的关键手段，也支持教师交流政策的落实，但同时也希望政府和学校能够考虑个人意愿。统计结果证明被强迫交流的教师成就感最低。教师流动起来不代表政策的成功，交流教师的成就感反映了教师对政策的执行力度。分析各种利益补偿措施与教师成就感的关系发现，利益补偿是必要的但也不是万能的，收入下降会带来成就感的下降，但是收入上升不会带来成就感的提高。利益补偿的对象应是岗位而不是参与交流的教师，一应保障所有在相同岗位任教教师的公平，二应提高新增教师配置的公平性。大部分教师包括农村教师并不希望人事关系变动，说明教师支持的是短期的交流。教师非常看重自己的家庭以及事业发展的稳定性。县管校聘的教师管理制度改革将教师的招聘、分配和管理的权力上收到县一级，按照放管服的政府职能改革要求，安排具体的人到具体的学校似乎不是政府份内的事情。建议政府采取设置岗位标准、数量、待遇水平，明确服务期等措施，调控、诱导优秀教师流动到薄弱学校和农村学校。依照《教育法》尊重学校的办学自主权，自主与教师签订聘任合同。

我们习惯于将师生关系纳入教师的职业道德范畴评判，本书研究结果证明，师生关系与学生家庭背景密切相关。低社会阶层的学生不公平感较强，有时无法理解老师表达的意思，能够预测教师情绪的比例也较低，而判断老师对其态度的方式也与高阶层学生不同。家长与教师的互动方式和质量也影响师生关系。师生关系、家校关系涉及的公平问题表现在人际互动中，属于微观领域，对社会稳定和社会发展的作用却同样是不可小觑。学生感知到的师生关系不公平现象，不论是客观的不公平还是学生自己认知判断有误，当师生关系的感知出现阶层性的群体差异时，就会形成集体态度倾向进而控制社会舆论。师生关系的不公平现象将加深低阶层群体对处境的不满，从主观上、客观上进一步恶化其处境，抵消政府为推进社会公平所付出的努力。师生关系在教育公平的最后一里路上影响了受教育者的感受，提高师生关系感知的质量，其价值不亚于义务教育均衡发展政策、各类资助政策。因此，提高教育工作者包括决策者的阶层敏感性和应对能力对于社会公平进程至关重要。

留守儿童就读于农村学校，父母又不在身边加深了其处境不利程度。与进城务工随迁子女相比，留守儿童被抛弃感强烈，学习兴趣、对未来的期望、对同伴的感知都显著较差。师生关系的各个维度得分也远远落后于其他群体学生。经济落后、抚养比高的省份，儿童留守率较高，留守儿童父母普遍文化程度较低，从事的职业也较低端，没有能力将孩子带在身边上学。留守儿童现象与经济发展地域差距较大有关，也反映了农村低阶层家庭对生活的焦虑，他们宁可与孩子分离也要努力赚钱提高家庭的社会地位。亚非拉国家以及欧洲国家的留守现象提示我们，留守现象具有普遍性和长期性。从教育角度解决留守儿童问题要从儿童权益保障意识、不同人生阶段的家庭责任意识和家庭生活技能培养入手，并改善农村学前教育和小学的供给数量和质量，提高未来劳动力的质量，加强现有青年农民工的继续教育，使农村的年轻父母有能力、有意愿与孩子共同生活，从而阻断贫困和留守的代际传递。

（二）研究意义

本书对义务教育公平问题的研究，从宏观的县域教育资源配置策略深入到社会分化对师生关系的影响、对留守儿童发展的影响，提示我们义务教育公平发展在大投资、大建设之后，应逐渐走向对微观领域公平的关注，提高决策者、教育工作者的公平意识、阶层意识以及有关技能水平，在日常工作中能够及时发现不公平现象，恰当应对阶层差异，从资源投入到人际互动，多角度提高低阶层家庭学生的发展水平，打破阶层的代际循环，让人民感受到国家提倡社会公平的良好意愿。研究结果和建议有助于决策者、校长和广大教师从各个层次审视义务教育公平，精准帮扶弱势学校、弱势群体。本书广泛吸纳了政治学、社会学、经济学、心理学等各领域的理论来解释教育公平问题，在公平理论的建设方面、测算方法与我国国情结合方面有一定的学术参考价值。

第一章　督导视角下的县域均衡发展

我国义务教育实施省级统筹、以县为主的管理体制，因此，国家对义务教育均衡发展的推进工作是以省为单位签署均衡备忘录，并以县为单位进行义务教育均衡督导评估。县域义务教育均衡发展督导评估对引导我国目前地方义务教育资源的均衡配置起到了重要作用。但正如任何高利害评价一样，均衡评估也带来了诸多负面影响。对均衡督导评估方法和评估结果进行再评价和反思，有利于为义务教育公平发展创建更加健康的环境。本书分析发现，均衡评估的方法和制度设计的价值倾向更注重横向公平，对小规模学校和农村学校的资源配置起到一定促进作用，但是从长远发展角度看也有潜在的不利影响。与学校内涵发展密切相关的教学仪器设备配置的校际差异系数不大，但实际上农村学校达标率较低。对教学点和大班额问题——资源分配失调这一问题的两个表象，均衡评估难以起到实质性的引导作用，关键在于加强依法行政，规范地方政府行为。

第一节　均衡发展评估的方法评价

判断义务教育是否均衡发展需要一些指标和标准，2013 年，国家建立了义务教育均衡发展督导评估制度，启动了义务教育发展基本均衡县（市、区）的督导评估认定工作。目前县域义务教育均衡评估的硬性指标有八个：生均教学及辅助用房面积、生均体育运动场馆面积、生均教学仪器设备值、每百名学生教学用计算机台数、生均图书册数、师生比、生均高于规定学历教师数、生均中级及以上专任教师数的差异系数，涵盖了教师、校舍场地、教学设施设备等学校运转的三大基础条件。这八个指标以支持学校运转的基础性资源为主，按照此办法评估，我国义务教育的均衡水平如何？从信度和效度角度来说该评估办法能否稳定、真实反映县域内均衡状况？本部分采用中国教育科学研究院督导评估研究所协同创新实验区中 6 个地市 67 个区县 7688 所小学、1534 所初中的事业发展数据以及区县背景数据，分析评估指标的表现水平并对其进行再评价。

一、八个硬性指标的表现水平

（一）八个指标的差异系数

我们用差异系数❶来计算八个指标的校际均衡程度（见表 1.1），可以发现两个明显特点，一是初中差异系数大于小学，二是差异系数在八项指标之间的差异也较大。

2015 年，全国义务教育均衡发展督导评估工作报告显示，尚未通过国家评估认定的 1600 多个县小学差异系数不达标，小学不达标的县占未认定县总数比例的 63%，高于初中不达标县的占比（国务院教育督导委员会办公室，2016）。小学阶段校际差异大与小学分布量大点散有关。为了保障就近入学，全国乡村小学保有量较大，2013 年，乡村小学占全国小学总量的 65.72%，镇区小学占 22.08%；而乡村初中只占全国初中学校总量的 35.01%，镇区初中占比 43.93%。所以，小学阶段办学条件差异大，比初中阶段更难以控制。

---

❶ 均衡差异系数的算法：$CV = \left(\dfrac{S}{\overline{X}} \right)$，$CV$ 为差异系数，S 为标准差，$\overline{X}$ 为全县平均数。

式中，$S = \sqrt{\sum_{i}^{n} (P_i / P_N) \times (X_i - \overline{X})^2}$，$X_i$ 表示区县均衡指标体系中第 i 个学校（初中或小学）某个指标生均值，$X_i = x_i / P_i$，x_i 为该指标第 i 个学校的总量值，P_i 为第 i 个学校（初中或小学）的在校生数；$\overline{X}$ 表示该指标的区县平均值，其中 $\overline{X} = \left(\sum_{i=1}^{n} x_i \right) / P_N$，$P_N$ 为区县内所有初中（或小学）学校的在校生数，$P_N = \sum_{i=1}^{n} P_i$。

表 1.1 义务教育均衡发展评估指标的差异系数

学段	指标	生均教学及辅助用房面积	生均体育运动场馆面积	生均教学仪器设备	每百名学生教学用计算机台数	生均图书册数	师生比	生均高于规定学历教师数	生均中级及以上专任教师数
小学	均数	0.79	1.27	0.89	0.64	0.63	0.49	0.48	0.62
	中位数	0.58	0.88	0.67	0.47	0.37	0.37	0.37	0.49
	最小值	0.28	0.30	0.22	0.14	0.07	0.08	0.08	0.19
	最大值	3.23	6.17	4.60	2.17	3.07	2.34	2.66	2.16
初中	均数	0.55	0.89	0.63	0.49	0.54	0.39	0.36	0.46
	中位数	0.46	0.63	0.52	0.39	0.33	0.30	0.30	0.36
	最小值	0.11	0.21	0.08	0.03	0.03	0.07	0.06	0.10
	最大值	4.13	13.13	2.06	3.14	8.16	3.16	1.41	3.03

注：不含教学点。

相比较而言，八项指标的差异系数中，生均运动场馆面积的校际差异最大，小学平均差异系数超过1，中位数表明50%的区县超过0.88；初中平均差异系数达到0.89，中位数为0.63。运动场馆面积的校际差异与学生流动有关，将在后面部分进行深入分析。生均教学仪器设备值仅次于运动场馆面积，小学差异系数均值0.89，初中0.63。教师资源配置指标校际差异在八个指标中是最小的，不仅差异系数均值小，而且最大值也处于较低水平，这说明教师学历、生师比的校际差异确实不大，也可能说明学历、生师比等作为教师资源代表性指标不能很好地反映实际差异。

（二）信度和效度表现

八项指标显示出非常优秀的信度，小学克隆巴赫系数 $\alpha = 0.925$，初中克隆巴赫系数 $\alpha = 0.876$。但是各个指标的区分度表现不一。总的来看，初中教学仪器设备值与八项指标的平均差异系数的相关系数只有 0.237，该指标与其他指标的相关系数也只在 0.081~0.282 之间。小学阶段虽然生均仪器设备值与八项指标均值的相关系数也是最低的，但是情况比初中好很多。

表1.2　小学县域八项差异系数的相关系数

小学	生均教学及辅助用房面积	生均体育运动场馆面积	生均教学仪器设备	每百名学生教学用计算机台数	生均图书册数	师生比	生均高于规定学历教师数	生均中级及以上专任教师数	平均值
教学用房	1								
运动场馆	0.929 **	1							
仪器设备	0.487 **	0.515 **	1						
计算机	0.633 **	0.666 **	0.587 **	1					
图书册数	0.783 **	0.796 **	0.481 **	0.791 **	1				
师生比	0.831 **	0.822 **	0.498 **	0.760 **	0.809 **	1			
高学历教师	0.842 **	0.819 **	0.491 **	0.757 **	0.792 **	0.989 **	1		
中高级教师	0.808 **	0.822 **	0.481 **	0.761 **	0.810 **	0.968 **	0.948 **	1	
平均值	0.918 **	0.936 **	0.655 **	0.825 **	0.890 **	0.929 **	0.924 **	0.920 **	1

注：* 表示 $p < 0.05$；** 表示 $p < 0.01$。

表1.3　初中县域八项差异系数的相关系数

初中	生均教学及辅助用房面积	生均体育运动场馆面积	生均教学仪器设备	每百名学生教学用计算机台数	生均图书册数	师生比	生均高于规定学历教师数	生均中级及以上专任教师数	平均值
教学用房	1								
运动场馆	0.922 **	1							
仪器设备	**0.200**	**0.081**	1						
计算机	0.799 **	0.830 **	**0.282** *	1					
图书册数	0.888 **	0.960 **	**0.149**	0.867 **	1				
师生比	0.835 **	0.847 **	**0.094**	0.789 **	0.837 **	1			
高学历教师	0.549 **	0.491 **	**0.243** *	0.664 **	0.542 **	0.812 **	1		
中高级教师	0.776 **	0.788 **	**0.043**	0.717 **	0.768 **	0.969 **	0.777 **	1	
平均值	0.937 **	0.963 **	**0.237** *	0.901 **	0.964 **	0.921 **	0.670 **	0.864 **	1

注：* 表示 $p < 0.05$；** 表示 $p < 0.01$。

　　小学因子分析结果显示八项指标差异系数都属于同一个维度，能够一致地反映县域学校间的差异。$KMO = 0.856$，Bartlett's 球型检验 $p < 0.001$，共同

度在 0.379 ~ 0.917 之间，其中生均仪器设备值差异系数的共同度为 0.379。八项指标能够构成一个因子，方差解释率达到 78.1%。因子载荷也是生均仪器设备值指标最低，为 0.616，其他指标的因子载荷在 0.841 ~ 0.958 之间。生均仪器设备值信息提取率较低与该指标的城乡差异较大有关。样本地区的城市生均仪器设备值达到 1600 元，镇区和乡村小学的指标均为 800 元。其他指标的生均值的城乡差异不大，校舍和场地有关指标的发展水平则是农村学校优于城市学校。

初中数据的分析显示，生均仪器设备值的差异系数与其他指标不属于同一个维度。KMO = 0.828，Bartlett's 球型检验 $p < 0.001$，共同度在 0.605 ~ 0.973 之间，其中生均仪器设备值差异系数的共同度为 0.973，生成两个因子，第一个因子的方差解释率为 71.925%，第二个因子的方差解释率为 13.006%。生均仪器设备值的信息提取率较高但形成了第二个因子，其差异系数在第二个因子上的载荷达到 0.965。

对初中校级各指标生均发展水平的分析显示（见表 1.4），生均教学仪器设备的发展水平与其他指标的相关系数较低。如果用学校仪器设备值总量分析（见表 1.5），仪器设备值与其他指标的相关系数有所改善。这与学校达到一定学生规模后，生均值虽然低但是总量大，仪器设备可以轮流使用有一定的关系。因此，生均仪器设备值不能代表学校的仪器设备配置水平，其差异系数也不能完全代表该指标的校际差异。

表 1.4 初中八项指标学校水平的生均发展水平为原始值计算相关系数
（以学校为基础单元计算）

初中	生均教学及辅助用房面积	生均体育运动场馆面积	生均教学仪器设备	每百名学生教学用计算机台数	生均图书册数	师生比	生均高于规定学历教师数	生均中级及以上专任教师数
教学用房	1							
运动场馆	0.723 **	1						
仪器设备	**0.339 ****	**0.154 ****	1					
计算机	0.612 **	0.724 **	0.452 **	1				
图书册数	0.722 **	0.688 **	**0.295 ****	0.696 **	1			

初中	生均教学及辅助用房面积	生均体育运动场馆面积	生均教学仪器设备	每百名学生教学用计算机台数	生均图书册数	师生比	生均高于规定学历教师数	生均中级及以上专任教师数
师生比	0.726 **	0.784 **	**0.210 **	0.688 **	0.694 **	1		
高学历教师	0.514 **	0.538 **	**0.312 **	0.646 **	0.503 **	0.771 **	1	
中高级教师	0.724 **	0.804 **	**0.193 **	0.706 **	0.744 **	0.923 **	0.744 **	1

注：** 表示 $p < 0.01$。

表1.5　初中八项指标学校水平的总量为原始值计算相关系数
（以学校为基础单元计算）

初中	教学及辅助用房面积	体育运动场馆面积	教学仪器设备	学生用计算机台数	图书册数	专任教师数	高学历教师数	中高级教师数
教学用房	1							
运动场馆	0.482 **	1						
仪器设备	0.525 **	0.250 **	1					
计算机	0.669 **	0.422 **	0.733 **	1				
图书册数	0.453 **	0.369 **	0.352 **	0.507 **	1			
专任教师数	0.697 **	0.541 **	0.505 **	0.705 **	0.471 **	1		
高学历教师	0.642 **	0.441 **	0.453 **	0.685 **	0.442 **	0.841 **	1	
中高级教师	0.692 **	0.477 **	0.570 **	0.766 **	0.491 **	0.868 **	0.787 **	1

注：** 表示 $p < 0.01$。

二、均衡评估办法的价值倾向

对八项指标的生均发展水平进行城乡分析发现（见表1.6），在仪器设备值和计算机台数上，城区学校好于镇区和乡村学校，而其他指标则是乡村学校好于城区学校。这说明乡村学校的生均基本办学条件已经优于城区，但是与教学质量最为相关的指标——教学仪器设备的生均拥有量却仍旧远远落后于城区学校。除了教师资源，镇区学校生均基本办学条件最差。

表1.6　城乡中小学生均发展水平

	小学			初中		
	城区	镇区	乡村	城区	镇区	乡村
生均教学及辅助用房面积（平方米）	3.91	3.45	4.76	4.92	4.63	5.84
生均运动场馆面积（平方米）	5.12	6.26	11.95	5.42	8.55	13.16
生均教学仪器设备资产值（万元）	0.16	0.08	0.08	**0.22**	0.11	0.12
每百名学生拥有计算机数（台）	14	9	9	**17**	11	14
生均图书（册）	25.84	21.48	22.28	33.76	30.68	35.40
师生比	0.06	0.06	0.07	0.08	0.08	0.10
生均高学历专任教师数	0.03	0.03	0.04	0.04	0.05	0.06
生均中高职称专任教师数	0.05	0.04	0.05	0.06	0.05	0.06

如果继续实行基于学生数权重的差异系数平均值来计算一个县的均衡发展水平，将削弱对农村学校的投入。标准差的计算以学校的学生规模为权重，学校规模越大占区县全体学生的比重越大，与该学校的离均差的平方相乘以后，对区县标准差的影响也越大（见脚注"均衡差异系数"的算法），反之，学校规模越小对标准差的影响越小。所以，相对于小规模学校，大规模学校的生均值与区县总均数的差异对差异系数的贡献更大，对一个区县的均衡程度评价来说，学校规模越大越重要。如果去掉学生数权重，继续做八个指标的因子分析，可以发现两个因子的变异解释率提升了7.56个百分点，各指标的因子载荷上升。教学仪器设备值差异系数在第一个因子的载荷上升，在第二个因子上的载荷下降。

教师资源作为人力资源，是校舍场地和设施设备的使用者，是教育质量保障的核心要素。从表1.6中可以看出，相比基本校舍场地、教学设备资源的差异，代表教师资源配置的师生比、生均高于规定学历教师数、生均中级及以上专任教师数三个指标，其校际差异系数较小。但三个指标只是教师数量与质量的简单表达，评价办法与国家其他政策不协调。乡村学校由于规模效益低导致教师超编和缺少教师的现象同时存在。国家规定乡村学校可多配置教师，如果按照规定多配置教师，则校际师生比差异系数会增大。由于我国小学教师合格学历仅为中师，初中合格学历为大专，而新增小学教师均拥有高于规定的学历，初中新增教师也有相当一部分为本科学历，生均高于规定学历教师数的区分度将逐渐降低。随着职称评定向农村教师倾斜，生均中级及以上专任教师数也逐渐增多了待遇含义，减少了质量成分。从超编农村学校调动一名骨干教师到城市学校的结果是，在现实上降低了农村学校教学质量，但却可能从数字上缩小了资源配置质量的校际差异。

总的来说，八项指标的评价办法表达了横向公平的理念，即农村学校的办学条件应与城镇学校一样好，但是也不能超过城镇学校的办学条件。对农村学校继续采取倾斜式投入则将导致县域义务教育均衡发展状况复评时差异系数不合格，因此，国家的评估办法在已经实现基本均衡的发达地区应进行调整。

三、基本均衡县的资源配置

（一）省级办学条件达标指标的差异

《县域义务教育均衡发展督导评估暂行办法》规定，义务教育发展基本均衡县的评估认定应在其义务教育学校达到本省（区、市）办学基本标准的基础上进行，达不到省定标准的县没有资格接受评估认定。各省结合本地实际，分别制定了本省的义务教育学校办学基本标准，被称为门槛指标和标准。各省制定的门槛指标数量差异较大，最少的省份只有 8 个，最多的省份有 15 个。门槛指标也围绕场地、校舍、教学资源、教师质量与配置等维度进行设置，但体现出了关注教育质量、关注学生全面发展的倾向。例如，教辅用房和仪器设备指标被细化为分学科的指标，音体美、信息化等有关指标受到重视。

基础设施建设方面，体育活动场地出现频率较高，18 个左右的省份包含了运动场馆、跑道、篮排球场有关的指标。浙江省和湖北省增加了绿化用地。几乎所有省份都包括了校舍建筑面积这一基础性指标，教学及辅助用房指标在很多省份细化为实验室、音体美教室、综合实践活动室、心理咨询室的设置。辽宁省和浙江省增加了安全保障指标。

教学资源方面，在传统的教学仪器设备值和图书之外增加了音体美器材、实验器材、卫生器材等单项督导指标。信息化类指标得到普遍重视，少数省份设置了多个分类别的信息化指标，例如班班通、带宽、资源库等。

教师配置方面，相比国家评估指标增加了骨干教师指标、教师培训指标、分学科的教师配备、校长任职资格等。江苏省提出每所学校都有县级及以上骨干教师，山西省提出优质教师的分布，陕西、宁夏提出骨干教师比例或者生均骨干教师数量。北京市将区级及以上骨干教师占比作为校际均衡指标进行评估。

部分省份增加了教育普及和教育结果方面的指标，河北、河南和黑龙江等省份增加了巩固率和辍学率的有关指标，安徽、福建、江西等省份提出开齐开足省定课程。

指标的内容和标准体现出地区发展的差异。发达地区，如上海、广东等省份提出生均公用经费达标指标，北京市则在均衡系数评估指标中包含了生均事业费和公用经费。西藏则由于寄宿生比例最高，提出生活设施设备达标。中等发达程度的黑龙江省、河北省则将义务教育的巩固率、辍学率等指标列入进来，表现出实事求是的精神。

另外，控制班额成为新趋势。上海、北京、广东、黑龙江、河南、湖北、贵州等省份都提出平均班额或者大班额比例。北京市要求标准在 40 人以下，贵州省对班额的标准要求较松，小学班额不超过 45 人，初中不超过 50 人。湖北省对学校规模进行了限定，严格规定学校规模在 2000 人以下。

表 1.7　部分省份的生师比标准

	江苏	上海		山东	河南	福建	重庆		辽宁	广西		海南
小学	21	城区	乡村	19	25	19.5	城市	县镇	19	农村	县镇	21
		20.7	18.4				17～20	20～23		23	21	
初中	16	18		13.5	18.5	13.5	城市	县镇	13.5	农村	县镇	18
							1.5～14.5	15～18		18	16	

注：统一城乡教师编制标准颁布之前公布的评估标准。

（二）基本均衡县的办学条件达标率

归类统计各省门槛指标，2014 年有 11 个指标覆盖校数达到 8000 所学校以上，其中图书、教学仪器设备和校舍建筑面积是覆盖学校数量最多的门槛指标。通过认定为基本均衡县有 8000 多所学校在 11 个指标上的总体达标率在 85% ~ 99.8% 之间。占地面积、班额、校舍面积、运动场地面积是小学和初中达标率最低的 4 个指标。这与目前义务教育基本均衡县（市、区）是当地相对发展较早的区县有关，人口密集土地昂贵。以占地面积达标率为例，达标率最低的 10 个区县全部位于各省会城市的核心区，有 4 个位于东部、3 个位于中部、3 个位于西部，占地面积达标率低于 50%。但是，这也间接表明这些地区的实际校际教学质量差异较大，生源过度集中。

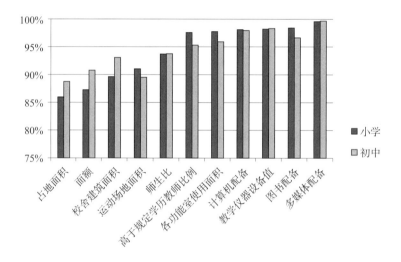

图 1.1　2014 年 464 个基本均衡县门槛指标的学校达标率

东部通过基本均衡县认定的地区具有优质均衡的特征，大部分区县差异系数较小而且发展水平较高。东部地区有 75% 的县的小学、有 91% 的县的初中，其生均教学仪器设备值达到了 1000 元以上，其中有 22% 的县的小学、有 40% 的县的初中达到 2000 元以上。有 81% 的县的小学、有 90% 的县的初中，每百名学生拥有计算机台数超过 10 台。西部地区在国家大力支持下也表现优秀，分别有 20% 和 34% 的县的小学和初中，其生均教学仪器设备值达到了 2000 元以上；分别有 70% 和 78% 的县的小学和初中，每百名学生拥有计算机台数超过 10 台（见表 1.8）。

表 1.8　2014 年验收的 464 个县生均教学仪器设备值情况

学段	地区	2000 元以上县数占比	1000 元以上县数占比
小学	东部	22%	75%
	中部	8%	36%
	西部	20%	78%
初中	东部	40%	91%
	中部	18%	61%
	西部	34%	91%

四、资源配置公平评估的再评价

（一）均衡评估效益

为落实《国家中长期教育改革和发展规划纲要（2010～2020 年)》的要求，教育部与各省份及新疆生产建设兵团签署了义务教育均衡发展备忘录，到 2020 年基本实现区域内均衡发展。各省备忘录都明确了实现县域均衡发展的年度计划，但签订备忘录时并没有明确目标中的"基本""均衡发展"的定义。2012 年，教育部印发了《县域义务教育均衡发展督导评估暂行办法》，提出了县域基本均衡发展的标准：第一，县域内小学和初中均达到省级规定的办学基本标准；第二，生均教学及辅助用房面积、生均体育运动场馆面积、生均教学仪器设备值、每百名学生拥有计算机台数、生均图书册数、师生比、生均高于规定学历教师数、生均中级及以上专业技术职务教师数八项指标，其平均差异系数小学小于等于 0.65、初中小于等于 0.55；第三，县级人民政府推进义务教育均衡发展工作在"入学机会""保障机制""教师队伍""质量与管理"表现良好。通过县域义务教育均衡发展评估，已经获得基本均衡县称号的区县，其学校基本办学条件大部分得到了提升。

县域义务教育均衡发展督导评估推动了地方政府履行教育职责。2004 年，按照党的十六大提出的决策、执行、监督相协调的要求，为了促进县级人民政府实施科教兴国战略、落实教育优先发展战略地位，依法履行教育管理职责，《国务院办公厅转发教育部关于建立对县级人民政府教育工作进行督导评估制度意见的通知》（国办发〔2004〕8 号）颁布，但是，这个文件并没有很好地被地方执行，或者没有全面建立对县级政府履职的督导制度，或者督导问责落实不到位。各省签订备忘录以后，才普遍建立了对县级政府的义务教育均衡发展考核机制。新疆维吾尔自治区则更进一步，将义务教育学校标准化建设、义务教育均衡发展、教育强县等工作纳入目标考核中，对未按期实现目标任务的地（州、市）县（市、区）实行"一票否决"，以此推动和加强各级党委、政府对教育工作的重视。有的省份在考核基础上明确了奖励与问责办法。2014 年，山西省对通过国家认定的县（市、区）按通过年份的先后给予 500 万～1000 万元的奖励。甘肃省教育厅、省财政厅对通过国家认定的 11 个县和通过省义务教育均衡发展督导评估的 7 个县，按照县均1000 万元的标准下拨专项奖补资金。湖北省共奖励 30 个县，支出奖励资金1.25 亿元；对通过国家认定、但差异系数反弹超出国家规定的区县，约谈了当地政府主要负责人。安徽省在 2014 年的督政考核中，有 4 个县因均衡发展任务完成情况被定为不合格，对市县政府产生较大影响。

陕西让每个孩子沐浴在义务教育均衡发展的阳光下

【备忘录内容】

根据陕西省推进县域义务教育均衡发展规划，全省 107 个县（市、区），到 2012 年底 37 个县（市、区）实现县域义务教育初步均衡发展，到 2015 年底 65 个县（市、区）实现县域义务教育基本均衡发展，到2020 年底 107 个县（市、区）全部实现县域义务教育基本均衡发展，并通过省级人民政府认定。

采取有效保障措施，确保完成陕西省义务教育均衡发展规划和义务教育学校标准化建设规划确定的目标任务。

加大省级统筹，落实地方配套资金，建立健全义务教育均衡发展经费保障机制，扶持贫困地区、革命老区和薄弱学校，形成推进义务教育均衡发展的体制机制。

将县域义务教育均衡发展和义务教育标准化学校建设工作作为考核

各设区市、县（市、区）的重要内容。

"十二五"期间，基本解决大班额问题，突出抓好教师队伍建设，开展校长、教师县域内交流，努力缩小在办学条件、师资水平、教学质量等方面的校际差距，明显缓解择校现象，切实减轻学生过重课业负担和心理压力。统筹社会教育资源，发挥文化传统优势，促进校内校外教育结合。

认真做好"推进中小学教师职称制度改革"、"探索减轻学生过重课业负担的有效途径"等国家教育体制改革试点项目的相关工作。

向教育部提交如下文件以作备案：①陕西省实现县域义务教育均衡发展规划（含时间表）；②陕西省义务教育学校办学基本标准；③陕西省义务教育学校标准化建设项目规划；④陕西省承担的国家教育体制改革有关试点项目实施方案。

资料来源：http：//www. moe. gov. cn/publicfiles/business/htmlfiles/moe/s5200/201103/116066. html

浙江以均衡化推进现代化

【备忘录内容】

根据浙江省义务教育高水平均衡发展规划，全省 90 个县（市、区），到 2012 年底全部县（市、区）实现县域义务教育基本均衡发展，并通过省级人民政府认定；到 2015 年基本实现县域义务教育现代化，到 2020 年全省全面实现义务教育现代化。

采取有效保障措施，确保完成浙江省义务教育高水平均衡发展规划和义务教育学校现代化建设规划确定的目标任务。

加大省级统筹，足额落实地方配套资金，建立健全义务教育均衡发展经费保障机制，安排省级专项经费扶持欠发达地区和薄弱学校，支持进城务工人员随迁子女义务教育，实现义务教育学校标准化办学。

将县域义务教育均衡发展情况作为浙江省教育现代化县（市、区）创建和对市、县（市、区）人民政府考核的重要内容。

"十二五"期间，注重义务教育内涵发展，加强学校科学管理，提倡学校文化建设，提升学校办学品质，形成"轻负担、高质量"的长效机制。

认真做好"完善教师资格制度"、"改革中小学教师培训制度"、"嘉善县推进义务教育教师流动"等国家教育体制改革试点项目的相关工作。

向教育部提交如下文件以作备案：①浙江省义务教育高水平均衡发展规划（含时间表）；②浙江省义务教育标准化学校基准标准；③浙江省承担的国家教育体制改革有关试点项目实施方案。

资料来源：http://www.moe.gov.cn/publicfiles/business/htmlfiles/moe/s5200/201103/116066.html

山西强化政府职责全力推进义务教育均衡发展

【备忘录内容】

根据山西省推进县域义务教育均衡发展规划，全省119个县（市、区），到2012年底20个县（市、区）实现县域义务教育基本均衡发展，到2015年底累计96个县（市、区）实现县域义务教育基本均衡发展，到2018年底全省119个县（市、区）全部实现县域义务教育基本均衡发展，并通过省级人民政府认定。

采取有效保障措施，确保完成山西省义务教育均衡发展规划和义务教育学校标准化建设规划确定的目标任务。

加强省级统筹力度，逐步加大对义务教育学校标准化建设的投入，足额落实地方配套资金，促进义务教育均衡发展。

将县域义务教育均衡发展和义务教育标准化学校建设工作作为考核各市、县（市、区）人民政府及其主要负责人的重要内容。

研究制定中小学校综合评价标准，探索建立"轻负高效"的教学生态，力争在全国发挥引领作用。

"十二五"期间，基本解决大班额问题，明显改善寄宿制学校学生就餐和住宿条件，确保办好必要的村小和教学点。

认真做好"推进中小学校标准化建设"、"晋中市统筹推进义务教育均衡发展"等国家教育体制改革试点项目的相关工作。

向教育部提交如下文件以作备案：①山西省实现县域义务教育均衡发展规划（含时间表）；②山西省义务教育学校办学基本标准；③山西

省义务教育学校标准化建设项目规划；④山西省承担的国家教育体制改革有关试点项目实施方案。

资料来源：http：//www. moe. gov. cn/publicfiles/business/htmlfiles/moe/s5200/201103/116066. html

均衡督导评估要求各地建立公示公告制度，保障群众知情权、社会监督权力。各省及接受认定的县（市、区）普遍于评估验收前后在电视台、政府和教育门户网站进行督导、评估、验收工作的公示，接受社会监督。湖北省建立了"三个公告"制度，县级政府在当地主要媒体发布接受省级评估的公告，教育行政部门将县域内所有义务教育学校办学条件主要指标在教育政务网站公告，省政府教育督导室在政务网站发布督导评估公告。四川省宜宾市在《宜宾日报》公告县（区）政府对教育投入的"三个增长"、土地出让收益计提教育资金、教学仪器设备值等指标。对资源分配的信息进行公告不仅是加强社会监督，督促政府加大投入且均衡地投入，在促进分配公平的同时保障了程序公平。可以说，县域义务教育均衡发展督导评估推动了社会对公平理念的内化。

（二）横向公平理念

测量内容方面反映了评价者关心教育公平的哪个阶段。教育公平的评价维度划分为机会公平、过程公平和结果公平。入学机会公平的评价指标一般为各个群体的入学率、巩固率等；过程公平则更多关注保障条件的差异，例如，教育经费投入差异，校舍、设施设备和教师等办学条件；结果公平则更关注学生成绩的群体差异。发达国家在教育公平上更关心人的公平，在理念上突出了人本身，"人"在这个指标体系里不是发展的资源或者工具而成为了发展的目的，比如，关心残疾儿童的受教育情况、少数族裔的成绩等等。为了克服校际差异和社会割裂，采用 D 指标❶控制校际生源差异（任春荣，

---

❶ D 指标：一所学校的 D 指标表达的是，该校贫困学生占本学区贫困学生的比例与该校非贫困学生占本学区非贫困学生总数的比例的差，如果学校生源结构适当，差接近于 0。差大于 0 说明该学校低阶层学生相对较多，差小于 0 说明该学校非贫困学生比例相对较高。各学校 D 指标的绝对值之和为学区的 D 指标，D 值越大说明该学区学校间生源分布越不均衡。

2015）。在资源公平的评价指标上更多采用了经费投入指标，测量方法总的来说可以按照横向公平、充足、财富中立分为三大类（Stiefel & Berne，1981）。横向公平反映了平均分配资源的倾向。充足的意义在于保障学校获得的经费能够支持学校完成一定质量的教育教学活动，充足的界定有多种方法，但是并没有真正的客观标准，随着社会进步，充足的标准也水涨船高。1976 年以后，美国绝大部分州通过诉讼案或立法，加强了州级政府在义务教育投入与经费配置均衡中的作用，从而确立了现代义务教育投入制度的财富中立原则，即生均学生经费不应与学生所处群体的财富相关（郭玉贵，2012）。

由于我国刚刚实现义务教育入学机会的公平，教育公平的评价重点转向过程公平，进入追求教育资源均衡的阶段，这是符合我国国情的，反映了我国政府和社会在公平理念上的进步。但是目前的评估方法存在几个问题：均衡系数的算法属于横向公平理念，即农村学校办学条件不可以比城市学校更好。近年来，农村学校的空心化现象以及择校现象，导致农村学校的生均发展水平指标高于优质学校的生均指标，各指标的差异系数因此并不能反映真实的公平。

在实践和研究领域常用的公平评价方法有，增长百分比、全距、四分位数比、差异系数、泰尔指数、基尼系数等（Stiefel & Berne，1981）。当我们仅报告增长百分比时有可能掩盖了群体之间拉大的差距，例如，2014 年，北京市普通小学生均公共财政预算教育事业费 23441.78 元，比上年增长7.89%，河南省该指标增长率为 13.64%，但是，2013 年河南省的该指标与北京市的差距是 17813.93 元，2014 年扩大到 18994.15 元，差距扩大了1180.22 元。差异系数、泰尔指数、基尼系数等都反映了横向公平。全距、四分位数比虽然可以反映对低端人群或者薄弱学校进行了倾斜投入，但这两种方法没有覆盖全部人群，当选择的指标内容不能表达校际真实差距时，任何算法都是没有意义的。

资源配置均衡评估的目的是缩小校际差异，但已经通过均衡认定的区县，大班额问题、大规模学校问题仍旧突出。学生的流向反映了教育质量的优劣，说明义务教育均衡发展评估需要进一步提高效度。

（三）长期效应审视

对资源配置均衡程度进行督导评估的目的是控制县域内校际间基本资源配置的失衡，能够在一定程度上解决底线公平问题，为弱势群体提供达标的基本办学条件。以基本办学条件为重点的均衡评估无法解决教育质量的校际差异，也影响地方对教育投入的自主权。尤其是学校数量较少的区县，对学校的投入采用撒胡椒面、雨露均沾的方式才最安全，如果采取轮流重点投入的策略容易造成差异系数变大。资源配置均衡系数的计算方式也不适应目前的集团化办学模式，例如，集团内共享资源、走教教师的计算等。在改薄工程保障下，薄弱学校、农村学校基本办学条件大为改观，教学仪器设备等与教育质量更有直接关系的指标则需要更多重视。所以，均衡评估办法在当下有益于推动学校基本办学条件的提高，缩小基本办学条件的校际差异，但是从长远看，这种方法必须改革以适应公平内涵本身的丰富性和现实的复杂性，必须从资源均衡的评估转向教育公平的评估。

由于教学点不参与差异系数的计算，在均衡发展督导评估办法中不是硬性指标，一些地方投机取巧，将小学的性质改为教学点从而快速通过检查或者逃避检查。虽然全国没有公开的、明确的数据可以直接证明，小学改为教学点的原因是由于学生减少还是由于人为改动，但是，从一些省份教学点数量跳跃性的变化与均衡评估文件的颁布时间的契合，可以推测出某些省份人为改动了学校的性质。比如，黑龙江省 2013 年度的教学点数量比 2012 年增长了 314.94%，小学数量下降了 32.54%，如果将教学点总量增长的 1033 个，计入小学数量中，则小学数量减少比例变为 11.17%，与往年一样比较有规律地下降。还有某发达省份在全省所有区县通过基本均衡认定所依据的数据年份，教学点大幅增长，接着第二年教学点大幅减少。同样发生了教学点大幅增长的某东部省份，小学数量则没有发生大幅度减少，所以该省的教学点数量增长是真正增长的可能性更大。如何控制将小学改为教学点避免检查这种行为，对中央的督导评估工作提出了挑战。我们建议修改评估办法，不论教学机构的性质如何一律要求参与督导评估门槛指标的认定，即参与办学条件达标率的计算。这个现象也涉及地方政府行为的监管问题，均衡督导评估的目的是督促地方政府采取切实行为改进辖区内的教育公平状况，而某些地方政府却为了完成均衡达标任务弄虚作假。各类教育法、办学标准、中小学建设标准等已经存在多年，为什么不被地方政府遵守？我们将在下一节分析教育督导问责的落实问题。

表 1.9　小学数量比上年度增减比例

	2011 年	2012 年	2013 年	2014 年
河北	− 2.13%	− 2.83%	− 2.79%	− 0.07%
山西	− 14.40%	− 8.17%	− 10.91%	− 23.04%
内蒙古	− 5.57%	− 6.51%	− 5.53%	− 5.81%
辽宁	− 7.33%	− 6.62%	− 3.10%	− 4.36%
吉林	− 4.06%	− 7.39%	− 1.60%	− 5.82%
黑龙江	− 13.41%	− 13.99%	− 32.54%	− 4.48%
江苏	− 3.85%	− 4.55%	− 2.62%	0.07%
浙江	− 4.29%	− 3.14%	− 8.06%	− 1.65%
安徽	− 4.67%	− 5.97%	− 8.29%	− 8.34%
福建	− 14.73%	− 8.96%	− 3.44%	− 1.17%
江西	− 8.92%	− 3.95%	− 4.68%	− 8.32%
山东	− 2.89%	− 3.93%	− 3.65%	− 3.42%
河南	− 2.83%	− 1.23%	− 4.98%	− 1.95%
湖北	− 4.31%	− 10.80%	− 13.12%	− 4.05%
湖南	− 14.72%	− 6.09%	− 8.80%	− 7.66%
广东	− 9.87%	− 11.57%	− 11.73%	− 9.24%
广西	− 1.10%	− 1.84%	− 0.27%	− 4.10%
海南	− 4.45%	− 7.87%	− 14.59%	− 6.90%
重庆	− 5.34%	− 8.35%	− 1.70%	− 3.00%
四川	− 4.69%	− 2.95%	− 15.48%	− 4.11%
贵州	− 3.33%	− 3.99%	− 7.78%	− 12.76%
云南	− 5.26%	− 2.25%	− 1.34%	− 1.85%
西藏	− 1.38%	− 0.35%	− 1.87%	− 1.43%
陕西	− 8.68%	− 9.85%	− 7.98%	− 10.63%
甘肃	− 5.83%	− 5.24%	− 6.73%	− 6.86%
青海	− 14.45%	− 7.05%	− 12.28%	− 10.88%
宁夏	− 4.19%	− 2.37%	− 2.43%	− 4.70%
新疆	− 1.72%	− 0.06%	− 0.03%	0.51%

表 1.10　教学点数量比上年度增减比例

	2011 年	2012 年	2013 年	2014 年
河北	1.03%	12.34%	38.75%	4.79%
山西	30.03%	− 7.18%	44.92%	87.40%
内蒙古	− 19.53%	− 3.20%	11.85%	15.76%
辽宁	− 25.08%	− 19.00%	53.63%	7.27%
吉林	− 6.43%	− 10.69%	− 14.53%	8.00%
黑龙江	26.27%	− 17.79%	314.94%	− 9.99%
江苏	− 32.59%	− 5.86%	11.87%	3.68%
浙江	− 28.72%	9.09%	33.56%	− 13.15%
安徽	6.99%	20.88%	26.93%	16.46%
福建	− 9.10%	12.72%	1.16%	− 3.03%
江西	38.49%	11.19%	11.35%	14.30%
山东	7.24%	− 0.81%	99.09%	13.67%
河南	12.78%	6.26%	30.14%	8.24%
湖北	4.20%	29.39%	35.87%	5.78%
湖南	61.26%	7.63%	16.06%	10.07%
广东	21.57%	22.90%	49.62%	15.20%
广西	− 8.92%	− 6.41%	− 2.69%	4.92%
海南	− 9.01%	28.12%	23.34%	16.04%
重庆	− 20.60%	− 6.81%	1.40%	− 11.81%
四川	0.32%	− 4.18%	8.35%	− 3.06%
贵州	− 6.69%	− 1.53%	1.61%	5.14%
云南	− 34.71%	− 13.71%	− 3.60%	− 9.29%
西藏	− 10.76%	− 16.12%	− 3.69%	− 21.77%
陕西	− 13.50%	31.48%	23.45%	31.56%
甘肃	0.73%	− 4.42%	14.08%	6.11%
青海	97.89%	142.02%	38.68%	6.18%
宁夏	1.77%	− 12.15%	− 5.93%	10.08%
新疆	− 0.72%	− 0.36%	14.90%	− 4.04%

第二节　资源分布失调与政绩评价

多数国家都存在不同程度的学校之间发展不均衡的问题，或者群体间教育质量不公平的问题，我国现阶段突出的表现是资源配置与学生分布失调，城镇挤农村弱。资源配置失衡是社会治理措施不到位的结果。

一、农村社会公共服务的不足

由于出生率下降、农村经济转型、城乡移民等各种原因，很多发达国家都出现了农村学生减少的现象，并且由于 20 世纪 90 年代以来的经济危机，农村学生减少也增强了政府缩减农村学校的意愿。但是，发达国家并没有出现城市大班额的现象，反而在教育改革中不断缩小班额。农村学校尤其是教学点衰败和城镇大班额在我国则成为义务教育资源配置最突出的两个问题。这两个问题实质上是一体两面，农村教育质量低学生流向城镇，城镇学校就出现大班额；农村学生减少了，生均资源量自然就高，城镇学生多了，生均资源量就少了。因此，基本办学条件农村学校生均指标优于城镇学校，与学生流动有很大关系，城乡办学条件仍旧存在较大差异。

（一）农村办学条件与城镇大班额现状

农村教学点由于学生数少而被忽略，既不参与县域义务教育均衡评估的差异系数计算，也不参与各省学校办学条件达标指标的评估。教学点各项指标的达标率均低于镇区和乡村的小学，更远远低于城区小学（见图 1.2 和图 1.3）。仪器、设备的达标率不是按照生均来计算的，而是按照多少班级应配多少套等方法计算的，所以，图中显示乡村小学达标率较低。

发达国家都经历了出生率下降造成农村学校萎缩的问题，但是，没有出现城市大班额现象。OECD（经济合作与发展组织）国家小学平均班额出现了下降，我们的近邻韩国，其小学班额出现较大下降，从 2007/2008 学年的 30 人下降到 2014 年的 25 人，接近 OECD 国家的平均水平（见图 1.4）。而我

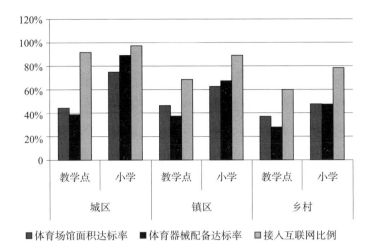

图1.2　2014年样本县小学部分办学条件指标的达标率（1）

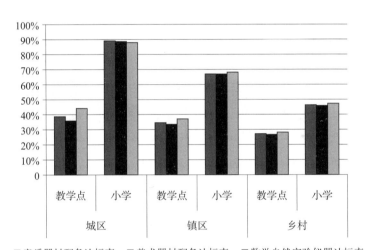

图1.3　2014年样本县小学部分办学条件指标的达标率（2）

国小学的平均班额则有增长，从36.8人增长到38人，目前比OECD国家平均水平多17人。我国初中平均班额虽然从2007年的55.2人下降到2014年的52人，仍旧比OECD国家平均水平多28人（见图1.5）。大班额问题严重影响了我国课程改革的深化，个性化教学只能停留在理念层面。

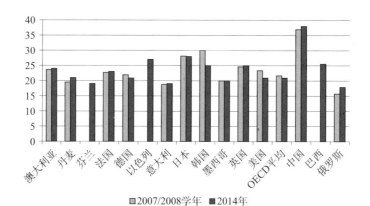

■2007/2008学年 ■2014年

图1.4 小学平均班额的国际比较（人）

资料来源：OECD：Education at a Glance，OECD Indicators 2010，Table D2.1：p.386.

资料来源：OECD：Education at a Glance 2014，Table D2.1.

注：芬兰、以色列和巴西只有2014年的数据。

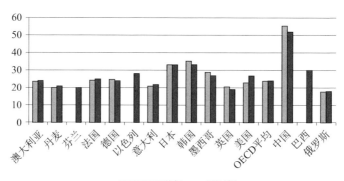

■2007/2008学年 ■2014年

图1.5 初中平均班额的国际比较（人）

资料来源：OECD：Education at a Glance，OECD Indicators 2010，Table D2.1：p.386.

资料来源：OECD：Education at a Glance 2014，Table D2.1.

注：芬兰、以色列和巴西只有2014年的数据。

  相对于国际水平，我国平均班额已经是大班额，但是我国对大班额、超大班额的定义则是56人、66人及以上。教室一般是按照45人一班的标准设计的，大班额导致学生课桌贴近黑板、学生没有活动余地、教室内空气污浊不堪，严重影响儿童健康成长。"十二五"期间，国家一再强调消除大班额，实施各类工程新建、改扩建学校以增加学位，各省小学大班额、初中超大班额比例出现较大幅度下降（见图 1.6）。也有部分省市区大班额比例仍旧上升，例如，广西、江西、山东、云南、河北等省市区小学大班额比例上升，湖南、河北、江西等省市区初中超大班额比例还在增长。小学大班额比例最高的五个省市区为湖南（25.52%）、宁夏（20.76%）、江西（20.06%）、河南（18.32%）、四川（17.79%）。

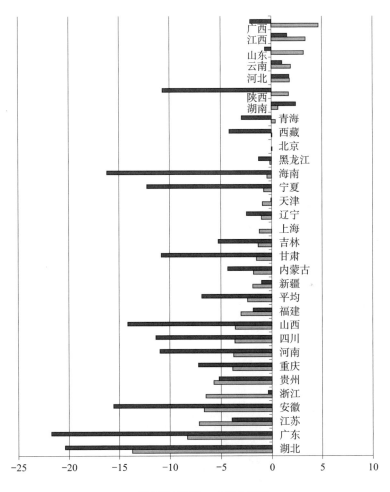

■初中超大班额　□小学大班额

图 1.6　与 2010 年相比 2014 年全国小学大班额和初中超大班额缩减情况❶

注：横坐标轴中小于 0 表示大班额比例下降，大于 0 表示大班额比例增加。

❶　依据 2010 年和 2014 年《中国教育年鉴》数据计算。

对 31 个省市区城乡办学条件的差异大小与大班额比例做相关分析，我们可以发现，小学数学、自然实验仪器达标学校的城乡差值与小学大班额（班额 56 人及以上）比例在 0.01 水平显著相关（$r=0.555$，$n=31$，$p=0.001<0.01$），农村初中的平均班额与农村学校的达标比例显著相关（$r=0.444$，$n=31$，$p=0.012<0.05$）。这些说明在与教学质量关系密切的一些办学条件指标上，如教学仪器设备，农村学校的达标率低于城市学校很多，从而影响了农村家庭的教育决策，他们为了后代能够改善境遇送孩子到城市上学，导致出现城市大班额现象。

（二）农村发展与人口省内流动

进一步的分析发现，农村学校的办学条件、进城务工人员子女中省内户籍所占比例、农村学校理科教学仪器达标比例等变量之间显著相关。各省农村小学中数学、自然实验仪器达标学校比例越低，小学大班额比例越高；小学进城务工人员随迁子女中省内户籍占比越高，小学大班额比例越高（见表1.11）。农村初中理科实验仪器达标学校比例越低，超大班额比例越高；进城务工人员随迁子女中省内户籍占比越高，超大班额比例越高（见表1.12）。省内户籍进城务工人员随迁子女占在校生总体的比例效应也显著，但没有进城务工人员随迁子女中省内户籍比例的效应大。

表1.11 2014 年小学大班额比例、进城务工人员随迁子女中省内
户籍比例与农村小学教学仪器达标比例相关系数表

		大班额比例	进城务工人员随迁子女中省内户籍占比	寄宿生比例
进城务工人员随迁子女中省内户籍占比	Pearson Correlation	0.465 **		
	Sig.（2-tailed）	0.008		
	N	31		
寄宿生比例	Pearson Correlation	0.113	0.344	
	Sig.（2-tailed）	0.544	0.058	
	N	31	31	
农村小学数学自然实验仪器达标学校比例	Pearson Correlation	−0.582 **	−0.128	−0.192
	Sig.（2-tailed）	0.001	0.492	0.301
	N	31	31	31

** 表示 $p<0.01$。* 表示 $p<0.05$。

表1.12　2014年初中超大班额比例、进城务工人员随迁子女中省内户籍比例
与农村初中教学仪器达标比例、寄宿生比例相关系数表

		超大班额比例	班额	进城务工人员随迁子女中省内户籍占比	寄宿生比例	农村初中理科实验仪器达标学校比例
班额	Pearson Correlation	0.842 **	1			
	Sig. (2 – tailed)	0.000				
	N	31	31			
进城务工人员随迁子女中省内户籍占比	Pearson Correlation	0.398 *	0.600 **	1		
	Sig. (2 – tailed)	0.026	0.000			
	N	31	31	31		
寄宿生比例	Pearson Correlation	0.209	0.426 *	0.656 **	1	
	Sig. (2 – tailed)	0.260	0.017	0.000		
	N	31	31	31	31	
农村初中理科实验仪器达标学校比例	Pearson Correlation	− 0.322	− 0.444 *	− 0.023	− 0.129	1
	Sig. (2 – tailed)	0.077	0.012	0.904	0.490	
	N	31	31	31	31	31

** 表示 $p < 0.01$；* 表示 $p < 0.05$。

有一种观点认为城镇大班额是城镇化造成的，为了验证这种说法是否正确，我们将各省常住人口中城镇人口比例与大班额比例、进城务工人员随迁子女中省内户籍的比例进行相关性分析，结果显示，城镇化率越高，大班额比例越小，进城务工人员随迁子女中省内户籍比例越低（见表1.13）。这是因为城镇化率高的地方，经济发达，进城务工人员更多来自于省外，并且省内户籍流动人口已经转化为当地常住人口。因此，不能说是城镇化造成了大班额，而是学生流动超过了城镇化速度。2014年，我国义务教育阶段在城镇就读的学生达到72.55%，而我国城镇化率只有56.1%，户籍人口城镇化率预计2020年才能达到45%（赵展慧，2016）。

表1.13 2014年大班额比例、进城务工人员随迁子女中

省内户籍比例与城镇化率相关系数表

		小学进城务工人员随迁子女中省内户籍比例	初中进城务工人员随迁子女中省内户籍比例	初中超大班额比例	小学大班额比例
城镇化率	Pearson Correlation	− 0.436 *	− 0.440 *	− 0.479 **	− 0.552 **
	Sig.（2 − tailed）	0.014	0.013	0.006	0.001
	N	31	31	31	31

学校是社会公共服务的重要组成部分，如果一个地区农村学校发展水平低，则其他公共服务水平通常也比较低。较低的农村社会公共服务水平最终影响了农村人口的教育选择和流动。通过分析可以发现，农村医疗服务水平较低的省份，农村学校教学仪器达标率也低。进城务工人员随迁子女中省内户籍比例也高，人口向城镇流动但没有转化成城镇居民，所以，未被消化的进城学生提高了大班额比例。这是典型的用脚投票的例证。北京、天津、上海、江苏、浙江5省市农村社会发展整体水平相对较高，城乡差异相对较小。每万人拥有卫生技术人员数量高于其他省份的农村，城乡学校教学仪器达标率的差异也相对较小。例如，2014年，北京市每万人拥有卫生技术人员的数全国最高，达到81人，农村学校的达标率甚至高于城市。小学城乡达标率差值超过40个百分点的青海、宁夏和黑龙江三个省份，农村每万人拥有卫生技术人员的数量分别为36人、32人和38人。这三个省份的小学大班额比例均超过了10%，宁夏更是每5个班级中就有一个大班额。

表1.14 2014年农村每万人拥有的卫生技术人员数与各变量的相关系数

		农村小学数学、自然实验仪器达标学校比例	农村初中理科实验仪器达标学校比例	小学大班额比例	初中超大班额比例	小学进城务工人员随迁子女中省内户籍比例	初中进城务工人员随迁子女中省内户籍比例
农村每万人拥有的卫生技术人员数（人）	Pearson Correlation	0.476 **	0.427 *	− 0.561 **	− 0.444 *	− 0.491 **	− 0.503 **
	Sig.（2 − tailed）	0.007	0.017	0.001	0.012	0.005	0.004
	N	31	31	31	31	31	31

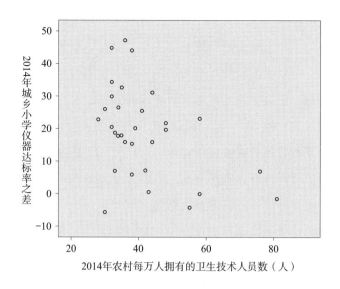

图 1.7　2014 年各省农村医疗卫生条件与城乡学校办学条件差异

二、学校撤并的财政收入动力

从 2004 年到 2014 年，全国小学生和初中生人数分别减少了 15.96% 和 32.83%，小学和教学点数量减少了 41.43%，初中减少了 17.46%。而学校建设步伐不断加快。由于汶川地震，2009 年全国范围普查学校危房，开始实施中小学校舍安全工程，用三年时间对地震重点监视防御区、七度以上地震高烈度区、洪涝灾害易发地区、山体滑坡和泥石流等地质灾害易发地区的各级各类城乡中小学存在安全隐患的校舍进行抗震加固、迁移避险，提高综合防灾能力。2010 年起，从薄弱学校改造计划到改造薄弱学校计划，不断将大量资金投入校舍建设上。全国学校校舍总体状况得到极大改善，实验室、宿舍、食堂、厕所的面积大幅增加。

从 2004 年到 2014 年，全国小学累计新建校舍面积 22129.71 万平方米，占 2014 年全国小学校舍面积的 34.21%。小学生均校舍面积从 5.15 平方米增长到 6.85 平方米，学校平均建筑面积从 1167.85 平方米增长到 2228.29 平方米。全国初中累计新建校舍面积 16319.25 万平方米，占 2014 年全国初中校舍面积的 31.05%。初中生均校舍面积从 5.40 平方米增长到 11.99 平方米，学校平均建筑面积从 5525.44 平方米增长到 9988.70 平方米（见表 1.15）。

虽然从生均面积上看全国学校整体上已经达标，但事实上仍有地方校舍不能满足需求。有新建面积分布不均衡的问题，也有校舍建设质量不高不断产生危房的问题，更有生源不正常流动造成的拥挤。10 年来有 20.53 万所小学和教学点被撤并，按 2004 年小学校均校舍建筑面积计算，则约有 23981.44 万平方米的小学校舍闲置或者挪作它用。11134 所初中被撤并，按 2004 年初中校均校舍建筑面积计算，则约有 6152.03 万平方米的初中校舍闲置或者挪作它用。旧学校撤并以后，新学校人数过多，班额过大，生均校舍面积不达标，然后再申请经费继续盖新房子。学校越建越大，学生离家越来越远，然后继续盖宿舍、澡堂、食堂。只要学校的生均校舍面积不达标、出现大班额等现象，地方政府就可以以此为理由申请上级政府的拨款。

表 1.15　2004~2014 年小学、初中校舍面积变化情况

年份	小学			初中		
	生均校舍建筑面积 m²	危房面积占校舍总面积比例%	新建面积占校舍总面积比例%	生均校舍建筑面积 m²	危房面积占校舍总面积比例%	新建面积占校舍总面积比例%
2014	6.85	3.14	5.60	11.99	2.20	4.69
2013	6.63	4.75	4.69	11.28	3.35	4.12
2012	6.09	6.82	3.27	9.99	4.80	3.24
2011	5.73	10.04	2.95	8.99	7.15	3.30
2010	5.90	14.14	3.90	8.21	10.33	3.47
2009	5.76	16.36	3.42	7.67	12.25	3.22
2008	5.60	4.36	2.87	7.22	3.27	2.54
2007	5.55	3.57	2.66	6.82	2.49	2.72
2006	5.47	4.97	2.83	6.40	3.25	3.74
2005	5.34	4.46	2.48	6.09	2.80	3.24
2004	5.15	5.59	2.40	5.40	3.76	3.28

注：部分地区由于手续复杂等问题，存在危房闲置而不能及时拆除的现象。

控制学生减少速度的效应以后，2010 年以来，小学学校合并力度大的地方也是大班额比例高的地方（小学：$r = 0.508$，$df = 28$，$p = 0.004 < 0.01$）。初中阶段，当学生总量相当时，学校合并力度与初中班额的关系处于临界显

著水平（初中：$r = 0.361$，$df = 28$，$p = 0.004 < 0.01$），学校合并力度越大，初中班额越大。有的地方小学生数量在增加，而学校数量还在不断减少。调研中发现，某县乡镇学校大班额现象严重，该县某学区某小学六年级只有 18 人，1 年级平均班额却是 64 人，年级越低班额越大。附近另一小学则达到 100 人的班额。2015 年秋季比上年秋季小学生增加 4000 人，初中生增加 5000 人，其中乡镇学校增加 6000 人。事实上，学生数量增加的现象并不是突然出现的。由于经济不景气以及本地教育质量的提高，原先带孩子出去打工的将孩子送回来，往外带孩子的人也大幅减少。同时当地人口出生率保持高位，2006 年人口出生率为 15.15‰、2007 年人口出生率为 15.44‰、2008 年人口出生率为 15.10‰、2009 年人口出生率为 14.22‰。但是学校布局规划并没有考虑这些情况，而是持续撤并学校。该县 2014 年 4 月报道本县五年教育振兴工程成效显著，将"2009 年以来先后撤并规模小、生源少、效益差的农村中小学校 132 所"❶ 作为重要政绩。

现状如此，而该县的县政府仍热心于撤并学校，在"十三五"规划中写道：

> 按照"以人为本，就近入学，适当集中，形成规模"的原则，实行完小适当集中，初小就近入学，初中保障规模。现有完小原则上不再撤并，初小已经撤并的不再恢复，农村初中 200 人以下的学校逐步撤并，由现在的 49 所调整为 30 所。按照城区 1.5 万人设置一所小学，3 万～5 万人设置一所中学的要求，在县城规划区新建 3 所小学、2 所中学。❷

县政府在"十三五"规划中全然不考虑现在的小学生将要变成初中生这样一个非常明确的事实，继续撤并初中。看似地方政府缺乏远见或者规划能力，但是，对大班额与政府收入来源做相关分析发现，在大班额比例较高的

---

❶　××县实施五年教育振兴工程成效显著［N/OL］.（2014 - 04 - 21）［2016 - 07 - 17］. http：//ah. people. com. cn/n/2014/042/c361864 -21044124. html

❷　××县教育振兴工程第二个五年计划（2014～2018 年）［N/OL］.［2016 - 07 - 12］. http：//www. bzzwgk. gov. cn/openness/detail/content/547caf77f8b9a4b6264eea9. html

省份，地方耕地占用税占地方财政收入比例也较高（小学：$r = 0.364$，$n = 31$，$p = 0.044 < 0.05$；初中：$r = 0.429$，$n = 31$，$p = 0.06 < 0.05$）（见图 1.8 和图 1.9）。当地方财政收入对占用耕地税具有一定依赖时，就具有了让农民出让耕地进城买房的动力。有些地方政府不择手段通过合并农村学校、拉大城乡差距的做法让农民子女先进城上学，接着逼迫农民家庭在城镇购房。2015 年，某地被合并农村学校的学生家长在网络交流中写道：

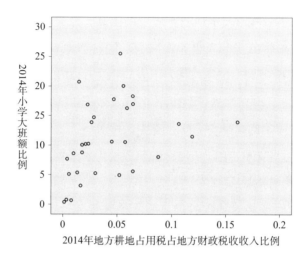

图 1.8　2014 年地方财政耕地占用税占地方财政税收收入比例与小学大班额比例

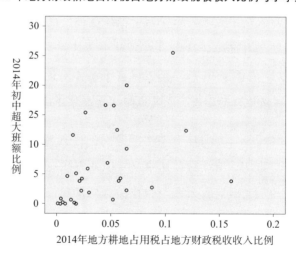

图 1.9　2014 年地方财政耕地占用税占地方财政税收收入比例与初中超大班额比例

有关部门为了提高地方房地产市场，提高楼市，就要强行将我们的学校撤销，让我们的孩子不远"千里"进城就读，现在初中的班主任老师们正在走访每个学生的家，蒙骗吓部分家长签字同意，并且告知进城后入住好的学校就读但没有食宿，差点的（还不如我们石场初级中学）有食宿。听明白了吗？（注：石场初中是纳入撤并计划的学校）

菲常回忆 08：石场初中刚搬进新教学楼，新楼老漂亮了。比乡党委都气派！

风师朕：中至的也刚用了不久，难道以后用来养猪？（中至也在撤并计划中）

卖小新的蜡笔 7：中至今年不是又盖的餐厅吗？这都是老百姓的血汗呀。

政府的解释是为了整合教育资源，让农村学生享受更好的教育质量。然而家长们并不买账。

农家院花生油：本来家门口就能解决的事情，非得让人家跑 20 公里路；本来能花 1 元办成的事，非得要你花 10 元去办，都是一样的条件非得说是整合资源，世界上有这样的"好事"？那你们咋不把你家孩子送去北京私立幼儿园，去接受那最优秀教育？对嘛，条件不行是吧，那么对条件不允许的家长来说就不是个好事。

石场初中是一所山区初中，当地农民收入较低。

咫尺天涯风之语：更担心的是一些家境不好的学生因为上学开支增大或者不方便而辍学，那就太令人痛心了，希望教育局作出保证，现在及以后不会让一位学生因此而辍学。

纯情老爷们儿 aa：谁知道街头初中能坚持到哪一天，真心不愿意去，我两个孩子起码能照顾过来了，去那里就不行了，花销大，挣不出来，在家上就不错，安全还放心，都是庄户地里的攀比心差点，对孩子有利！

城里的家长 qian08 则呼吁：别再给三中并了，学校里面都挤成啥样了?! 厕所都不够用了没看着? 你以为是个学校就能无休止的合并合并啊?!

2015 年秋季，网友热议的学校已经被合并，被撤掉的三所乡村初中其中一所是规模较大的初中。被撤并的学校有 2014 年、2015 年新落成的校舍，大量投入被浪费。政府如此任性，教育系统的监督部门——教育督导部门为什么没有起到对政府的监督作用? 教育督导问责缺乏力度和权威性广受诟病（赵茜，2014）。地方人民代表大会和司法体系横向问责机制的不健全和纵向问责机制的局限性，使得财政收益最大化逐渐成为支配地方政府行为的主导逻辑，并最终导致了政府选择性履行职能的局面（郁建兴，高翔，2012）。

撤并农村学校对于地方政府具有增加收入的作用，同时也是一个减少支出的措施。让更多的学生进城读书，还可以降低直接的管理成本，减少对教师数量的需求，由此减少教师工资和乡村教师生活补助等硬性支出。对 113 个样本县的数据分析结果显示，学校规模与生师比显著相关（小学：$r = 0.580$，$p = 0.000 < 0.01$；初中 $r = 0.427$，$p = 0.000 < 0.01$），证明了学校规模越大政府需要提供的相对教师数量越少。在学生数量相同的情况下，生师比每增加 1 人，区县教师工资福利支出总量的对数减少 0.359 个标准差（见表 1.16）。中央为了保护小规模学校的发展，出台了规模小于 100 人的学校要按照 100 人拨付公用经费的政策，但这个经费是由地方财政支付。当地方财力不足或者不愿增加投入时，就成为撤并小规模学校的隐患。

表 1.16　区县小学教职工工资福利支出总额对数的预测模型

	Unstandardized Coefficients		Standardized Coefficients	t	Sig.
	B	Std. Error	Beta		
（Constant）	8.038	0.114	70.574	0.00	
区县学生总数	0.000	0.000	0.824	9.210	0.00
区县生师比	− 0.03	0.008	− 0.359	− 4.016	0.00

三、政绩利益与学校建设策略

干部晋升制度的机制和信息不对称导致了基层政府官员追求资源密集型政绩工程的短期利益（周雪光，2005）。我国干部晋升制度被比作体育比赛的淘汰制，多数人需要在一轮轮竞争中取胜进入下一个级别，在一轮竞争中失利，就失去参与更高级别竞争的机会，在一个级别滞留过久会对未来职业生涯产生深远影响。当一个干部在规定年龄期限之内不能晋升到某个级别，他的晋升就到了天花板。干部的晋升是由上级领导决定，上级领导与下级众多官员之间存在信息不对称的问题，需要下级官员发送有效信号证明自己的工作能力和工作实效。为了短时期内获得职务晋升的机会，引人注目、见效快、政绩可测量、易展示的工作成为首选（朱汉清，2011；杨其静，郑楠，2014；周黎安，2007）。因此，撤并学校建设新学校等资源密集型工程受到基层官员的青睐。同样，上级干部也需要下级干部的政绩使自己获得晋升，因此上下级官员就形成了利益共同体。从地方政府的工作报告中可以看出，地方政府对民生的关注也主要是通过各类资源型工程实现的。

中央政策的转变并不总是地方政府开展社会政策创新的根源，社会政策常常成为服务于经济发展的工具（郁建兴，高翔，2012）。中央要求学校布局调整要做好规划、保障就近入学、要倾听民意等，同时以各类工程的形式在学校建设尤其是解决学生生活设施、大班额等方面投入大量资金，帮助地方政府承担学校撤并的后果。学生集中到城镇就读，增加对教室、宿舍、澡堂等需求，可以继续争取资金盖学校，更重要的是可以通过控制基础教育服务提高城镇化率。即使父代农民不愿意进城，而子代农民从小在城镇学校就读，与农村生活环境隔离过久，成年以后很难再重新融入村庄，城镇常住人口比例将在这一代大幅提升。

促进城乡间、学校间均衡发展是地方教育行政部门的职责，但是均衡发展的结果并不能给地方教育行政部门带来益处，甚至可能导致利益受损。在政府各部门权力博弈中，教育局一直是相对弱势的部门，教育局有时就需要利用帮助学生择校的权力来与其他部门进行权力交换。一位局长说："如果学校都一样了，大家就不择校了，其他部门就不再有求于我们了，不要求我们帮助安置孩子以后，我们也没有什么跟人家交换的，再有什么事就不好办了。"

第三节　教育督导问责与法治建设

对义务教育均衡发展情况进行督导是对政府履行教育职责的一种问责方式。教育督导的职责是督促政府依法治教、推进义务教育均衡发展。督导是转变政府教育管理方式，推进决策权、执行权和监督权分离的重要手段，是教育治理体系的关键环节。但是督导问责不力导致督导权威性不足饱受批评（韩清林，2011），例如，督导不能有效监督政府将学校布局服务于财政收益最大化的行为。"问责"是质询责任的简称，质询的主体是督导机构，督导机构的性质、职责和权限则决定了其质询的权限和范围；责任是指被督导对象的责任，决定了督导机构可以质询哪些责任。督导问责不力主要表现为督导结果和建议无法有效转化为地方政府和学校的整改、责任人的奖惩等实际行动。"普九"督导工作与均衡督导工作的对比，以及国际经验比较证明督导问责不力与我国教育治理体系不健全、依法治国环境不成熟、督导专业化水平不高有关。

一、督导问责的制度设计

（一）督导定位和督导职责

在推进管办评分离，建设服务型政府过程中，教育督导是政府实施教育监督、指导和服务的手段。1986年为了保障《义务教育法》的落实，我国中央政府提出重建基础教育督导制度，在《关于实施〈义务教育法〉若干问题的意见》（国办发〔1986〕69号文件）中提出要"逐步建立基础教育督学（视导）制度。国家和地方逐步建立基础教育督学（视导）机构，负责对全国或本地区范围内义务教育的实施进行全面的视察、督促和指导，并协同当地人民政府处理有关实施义务教育的各项问题。"教育督导为推动我国义务教育普及立下汗马功劳。《普及义务教育评估验收暂行办法》（教基〔1994〕19号）提出了明确的普及程度指标、教师和校长的资格要求、办学条件要求、教育经费要求，以及依据《义务教育法》和实施细则规定的处罚条款，为地方政府的教育工作指明了普及工作的方向以及行为红线。当时，督导定位清晰，督政的主要工作集中在"两基"达标的监督。1995年颁布的《中华人民共和国教育法》第24条明确规定："国家实行教育督导制度和学校及其他教育机构教育评估制度。"督导制度从法律上成为我国教育的一项基本制度。

随着国家依法治国、依法治教的深入、行政运行机制改革的深化，督导的地位不断上升，国家逐步成立国家教育督导委员会和教育督导局，并且颁布了第一个专门的教育督导法规《教育督导条例》。《教育督导条例》明确了督导的任务是保证教育法律、法规、规章和国家教育方针、政策的贯彻执行，实施素质教育，提高教育质量，促进教育公平，推动教育事业科学发展。《教育督导条例》以法律的形式规定了督政、督学的职能。《国务院教育督导委员会办公室关于印发深化教育督导改革　转变教育管理方式意见的通知》（国教督办〔2014〕3号）进一步加强了督导制度的建设，明确督导是教育管理的组成部分。《教育部关于深入推进教育管办评分离　促进政府职能转变的若干意见》（教政法〔2015〕5号）则把督导放在评价的环节，把建立健全教育行政执法机制、加大行政监督和问责力度等内容放在管理的环节。这里就出现了国家政策在督导定位上的矛盾。督导机构应属于政府管理的环节还是社会评价环节？如果属于管理环节，它与行政执法检查等工作的关系是什么？如果按照决策权、执行权和监督权的维度进行划分，《国务院办公厅转发教育部关于建立对县级人民政府教育工作进行督导评估制度意见的通知》（国办发〔2004〕8号）将督导的作用规定为监督，建立决策、执行、监督相协调的教育管理方式，督促县级人民政府实施科教兴国战略，落实教育优先发展战略地位，依法履行教育管理职责。

部分地区成立了人民政府督导室，督导机构与教委或者教育局在职级上并列，甚至在人事和财务上取得了独立。国务院教育督导局仍旧归教育部代管，人事权在教育部，职责也是由教育部规定。教育督导局的工作任务中除了督导评估之外也存在一些教育管理职能，例如，全国农村义务教育学生营养改善计划、全面改善贫困地区义务教育薄弱学校基本办学条件、校车安全管理、全国中小学校舍安全工程等工作的管理和监督的职责均放在教育督导局，所以，教育督导局实际上不是一个单纯的监督机构。部分地方教育行政部门仿效督导局的工作设置，将上述工作的管理机构也安排在督导机构，管理和监督合二为一。

督导机构的定位决定了督导问责的性质和权限。不论将督导机构归为"管"还是"评"的环节，督导机构的监督权是明确的，按照决策权、执行权和监督权分离来理解则比较容易给督导定位，这三种权力仍然可以属于政府内部权力的分配和相互制约。因此，督导问责性质上为同体问责，督导过程中开展社会满意度调查、家长座谈会、委托第三方开展评估监测等，都属于督导的手段，是采用异体问责的方式支持同体问责。

（二）教育督导的问责权限

教育督导问责可以问到什么程度是需要探讨的。《教育督导条例》规定教育督导机构的职权主要包括：

> 查阅、复制财务账目和与督导事项有关的其他文件、资料；
>
> 要求被督导单位就督导事项有关问题作出说明；
>
> 就督导事项有关问题开展调查；
>
> 向有关人民政府或者主管部门提出对被督导单位或者其相关负责人给予奖惩的建议。

关于督导机构职权的说明清楚地显示了督导机构在问责方面拥有建议权，不具有直接处罚权。督导机构的定位不属于行政管理机构也就不具有行政处罚的权限。《教育督导条例》中虽然没有提出"问责"这个词语，但是也涉及问责的内容，要求征求公众对被督导单位的意见，并通过召开座谈会或者其他形式专门听取学生及其家长和教师的意见；督导报告必须向社会公开；

对存在问题的提出限期整改；教育督导机构应当向本级人民政府提交督导报告；县级以上地方人民政府负责教育督导的机构还应当将督导报告报上一级人民政府教育督导机构备案；县级以上人民政府或者有关主管部门应当将督导报告作为对被督导单位及其主要负责人进行考核、奖惩的重要依据。

《国务院教育督导委员会办公室关于印发深化教育督导改革　转变教育管理方式意见的通知》（国教督办〔2014〕3号）对教育督导问责做了进一步说明，督导问责方式包括：

> 一是教育督导和评估监测报告发布制度，向社会公布督导和评估监测结果，接受公众监督；二是教育督导和评估监测的公示、公告、约谈、奖惩、限期整改和复查制度；三是明确督导和评估监测结果是资源配置、干部任免和表彰奖励等的重要依据。

上述问责方式中，督导的直接权限是公布、公示督导结果，约谈、整改都需要被督导对象配合，依据督导结果配置资源、任免干部和表彰奖励都需要依靠政府的重视程度。《县域义务教育均衡发展督导评估暂行办法》在表彰与处罚章节中要求各省（区、市）应对本行政区域内实现义务教育发展基本均衡的县给予表彰奖励，但各省区市政府并没有完全执行。这个规定超出了督导的职权范围。督导部门真正的问责权力只能落实在自己可以掌控的方面，例如，在督导检查中发现弄虚作假行为的，不予认定，并在全国范围内通报。对认定后连续三年（非常情况除外）不能达到该办法标准的县，教育部撤销其义务教育发展基本均衡县称号。

韩清林（2011）认为教育督导仅有建议权而缺乏问责处置权，这就使教育督导缺乏刚性的制约力和权威性，削弱了督导部门应有的职权，使督导部门的地位及督导结果的使用实际上处于相对软弱无力的状态。这种观点不乏支持者。但是从历史和地方经验看，督导结果的权威性关键在于法律制度是否健全、政府是否重视。

虽然部分地区义务教育辍学率超过了法定线，但是地方政府对督导检查辍学率的警戒心至少表明了对辍学率的敏感。《普及义务教育评估验收暂行办法》（教基〔1994〕19 号）则依靠《中华人民共和国义务教育法实施细则》的有关规定获得了有力的问责。"经评估因工作失职未能如期实现义务教育实施规划目标的，应按《中华人民共和国义务教育法实施细则》第38条的有关规定处理。"即"由地方人民政府或者有关部门依照管理权限对有关责任人员给予行政处分"，并且对应处罚的失职行为有较为具体的说明。教育法和义务教育法都提出教育要均衡发展，但是没有提出对地方政府或者责任人不履行责任的明确罚则。在这种情况下，教育督导问责的力度取决于地方政府的重视程度。

　　据了解，为推进义务教育均衡发展工作顺利开展，都匀市制定了工作责任监督和问责机制。

　　该机制明确了教育、发改、财政、住建、城管、公安等有关部门及乡镇的工作职责，阐明了责任追究的原则和对象、依据和形式等。

　　机制规定：将教育工作尤其是义务教育均衡发展工作纳入全市部门绩效考核和目标综合考核，严格按照职责落实情况进行督查督办和考核评价，对工作责任不落实、工作制度不健全、措施落实不到位、未按职责分工认真履行职责、相互推诿扯皮、严重影响工作进度等造成不良影响或严重后果的单位和个人，将严格实行责任追究。责任追究的主要形式为约谈、通报批评、责令责任单位和相关责任人写出书面检查、诫勉谈话、一票否决、政纪处分等。

　　资料来源：索恩乾. 都匀出台县域义务教育均衡发展问责机制［N］. 黔南日报, 2015 - 03 - 14（2）.

督导报告内容有选择性地向社会发布也是比较普遍的现象，经常分为内部通报版本和对外公开版本。这样就丧失了来自公众问责的支持。即使是对下级政府的、对学校的督导都做不到真正意义上的报告全文发布。被督导对象的行政级别一般低于实施督导的机构，下级没有权力限制上级督导机构如实发布督导报告，但督导机构一般会考虑被督导机构的面子，尽量不发布影响被督导机构声誉的内容。除非某些内容已经被媒体曝光或者已经成为当地社会焦点，才能够出现在督导报告中。因此，中国家长很难像英格兰家长那样可以依据学校督导报告了解学校的真实情况。

（三）均衡督导的制度设计

《国家中长期教育改革和发展规划纲要（2010～2020年）》提出，到2020年，基本实现区域内均衡发展。随后，各省与教育部签订实现县域均衡发展备忘录和年度计划。但是当时"基本均衡"的定义尚不明确，为填补空白，国家教育督导委员会研究并出台了县域义务教育均衡发展的有关督导和评估办法，对基本均衡进行界定。顺序上的颠倒使部分省份的学校标准化建设、均衡发展的原定计划受到了一定的影响，在实践操作上出现了尴尬的、影响政府公信力的现象。督导评估办法首先要求义务教育发展基本均衡县的评估认定，应在其义务教育学校达到本省（区、市）义务教育学校办学基本标准后进行，即一个"门槛"，以此保障基本均衡县不是低发展水平的均衡。但是，部分省份制定了较高要求的办学条件标准，如果按照高标准的办学条件规定先完成学校达标建设，则无法按时完成备忘录签署的实现县域校际发展基本均衡的承诺。因此，个别省份为县域义务教育均衡发展评估认定专门制定了一个较低的省标，在学校标准化建设中再采用本省办学条件标准。

例如，某省人民政府教育督导室制定了《关于县域义务教育均衡发展督导评估有关指标及量化评估标准调整说明的通知》，规定县域内学校能达到部分指标标准的，也可以申报省及国家验收。这个验收称为"学校标准化建设评估验收"，是对已建成学校进行评估验收，标准要求相对较低，比如：达标学校标准是14项B级指标中至少有8项为"A级"，其他为"B级"，基本达标学校标准是14项B级指标中有5～8项为"A级"，其他为"B级"，全县只要有70%的学校是达标学校，且其他为基本达标学校，则该县为学校标准化建设达标县。

为了避免与学校标准化建设混淆，某县2015年在督学培训中特别强调：学校标准化建设是现在和将来学校设置和建设工作必须遵循的标准和条件；只要按照《××省普通中小学基本办学条件标准（试行）》建成的学校，就是一所标准化的完全达标学校。学校标准化建设评估验收是为了申报基本均衡县对学校的评估验收，验收通过后该评估标准不再使用。❶

为了完成对备忘录的承诺，部分省份对区县的投入政策进行了调整，将应给其他区县的拨款集中投入到申报均衡县的区县，保障一部分区县先通过均衡评估认定。基本均衡县认定通过以后，应拨给这个区县的经费就被挪给其他申请县。对于这个县来说是寅吃卯粮，后面几年的工作就比较艰难。重点投入、运动式投入方式在策略上较好地保障了基本均衡县的认定进度，但是违反了均衡评估的初衷，也破坏了地方教育发展的节奏。

均衡督导在任务分工的设计上也存在一些影响评估客观性的问题。义务教育发展基本均衡县的评估认定，按照省级评估、国家认定的原则进行。通过省级督导评估的县，由各省（区、市）将有关材料报送国家教育督导局，申请审核认定。国家教育督导局对各省（区、市）报送的申请认定义务教育发展基本均衡县的相关材料审核通过后，组织实地检查。签署均衡备忘录的是省级政府，基本均衡县评估认定是对备忘录执行情况的检查，而基本均衡县的评估责任由省级政府的督导机构承担，这就存在省级政府既踢球又当裁判的矛盾。省级督导机构更多是给予区县指导，帮助区县迎接国家认定。一旦区县上报资料审核通过后，获得现场认定机会的区县很少被否决。实地检查会提前通知省、县的检查时间，双方商定检查流程。初衷是给被检查县留出准备的时间，现实中正如其他行业的行政督导检查一样，部分被检查县利用其预留时间造假。

二、督导问责的法治环境

（一）依法督政的现实需要

我国督导制度重新建立的目的就是督促地方政府完成"两基"任务，长期以来，教育督导功能一直坚持督政、督学并重。督政的目的是监督和督促

---

❶ 学校标准化建设暨县域义务教育均衡发展政策解读［R/OL］．（2015－05－25）［2016－07－09］．http：//www.wljy.cnwljy/news/8e89b60b－f97a－4fab－b4f7－ffh9809dc5f.shtml

地方政府履行教育职责，将教育放在优先发展的地位。2004 年，为了落实"在国务院领导下，地方政府负责、分级管理、以县为主"（简称"以县为主"）的农村义务教育管理体制，《国务院办公厅转发教育部关于建立对县级人民政府教育工作进行督导评估制度意见的通知》（国办发〔2004〕8 号），这是首个专门的督政文件。2012 年，《教育督导条例》将督政和督学的督导内容一并做了规定：

第十一条 教育督导机构对下列事项实施教育督导：

（一）学校实施素质教育的情况，教育教学水平、教育教学管理等教育教学工作情况；

（二）校长队伍建设情况，教师资格、职务、聘任等管理制度建设和执行情况，招生、学籍等管理情况和教育质量，学校的安全、卫生制度建设和执行情况，校舍的安全情况，教学和生活设施、设备的配备和使用等教育条件的保障情况，教育投入的管理和使用情况；

（三）义务教育普及水平和均衡发展情况，各级各类教育的规划布局、协调发展等情况；

（四）法律、法规、规章和国家教育政策规定的其他事项。

从各地实际督政情况来看，县级政府的督导通过综合督导和专项督导涵盖了以上内容，其中《教育法》规定的教育经费增长情况是重点督导项目，按照《教育法》要保障"国家财政性教育经费支出占国民生产总值的比例应当随着国民经济的发展和财政收入的增长逐步提高"。"全国各级财政支出总额中教育经费所占比例应当随着国民经济的发展逐步提高。""各级人民政府教育财政拨款的增长应当高于财政经常性收入的增长，并使按在校学生人数平均的教育费用逐步增长，保证教师工资和学生人均公用经费逐步增长。"追回欠拨、滞拨经费一直是督政重要内容，我们可以在教育部网站上看到，每个省份县域义务教育均衡发展督导评估认定公告中，都会谈到教育督导部门推动县级政府依法履行义务教育公共服务职责发挥的作用。例如，2014 年某发达省份通过认定的 34 个区县共追补欠拨经费近 27 亿元。

由于法定支出过多，并要求支出经费增长的幅度高于国家财政经常性收入的增长幅度，导致一些县每年新增财力全部用于法定支出还不够（刘海燕，2014），党的十八届三中全会提出，清理规范重点支出同财政收支增幅或生产总值挂钩事项，一般不采取挂钩方式。新修订的《教育法》仍旧保留了教育经费增长的要求，一方面说明中央政府高度重视教育投入，另一方面也说明地方政府在教育投入上缺乏自觉。在社会与政府之间、上级与下级之间存在信息不对称以及人大监督乏力的情况下，地方政府的不规范行为就需要一个机构来进行监督。

但是，这样的机构要真正发挥作用仍旧需要组织部门、政府主要负责人的支持。2004 年，国务院要求省级政府对县政府履行教育职责的情况进行督导。该政策在湖南等省份成功执行，其重要原因在于组织部门的深度参与。湖南省委组织部会同省教育厅、省政府教育督导室下发了《关于实行县级党政主要领导干部教育工作实绩考核制度的通知》（李伦娥，2009），省级组织部门参与对县级政府教育工作督导评估和县级党政主要领导干部教育实绩督导考核。督导评估考核的内容分为教育管理体制、教育经费投入、师资队伍建设、学校办学条件、教育发展水平五个基本的方面。每年都由省委组织部、省教育厅、省政府教育督导室三家联合下发通报，并在《湖南日报》公布评估考核结果，对县级政府在教育收费、教育投入方面产生了一定的震慑力。所以，教育督导问责从来不是教育部门能够控制的事情。

（二）问责所依法规的粗放

依法督导有两层含义：一是检查法律法规的执行情况是督导工作的法定任务；二是督导体制机制建设、督导办法的制定有法律依据。但是，我国的教育法律法规比较粗放，问责内容、问责主体、问责客体、问责标准、问责方式、罚则、法律救济等均粗枝大叶。比如，省级统筹提出多年，统筹的内容和方式仍旧在探索中。法律对督导问责的规定不清楚就不可能到位。三个增长做不到、家长不送孩子去学校这些问题应该怎么处罚，法律条文里没有明确规定。追究责任的标准"情节严重"在法律文本中常见，但"情节严重"的定义是什么没有说明。督导所依之法具有很大的模糊性，因此督导对法律落实情况的判断就具有较大随意性。目前义务教育问责内容主要是事故问责（张旺，李慧，2016），国务院教育督导委员会专门出台了《教育重大突发事件专项督导暂行办法》（国教督办〔2014〕4号），这个文件首次出现了问责条款，第13条规定："对教育重大突发事件应对处理工作责任不落实、应对不积极、处理不妥当的地区、单位和个人，建议当地人民政府对其进行问责，对造成严重后果的依法追究责任。"不幸的是，这样的条款仍旧无法判断严重后果的评价标准是什么。

《教育督导条例》经过多年酝酿才出台，却仍旧是短短几千字，督学责任没有细化明确，当督导报告不能全文公布、督导结果不能发挥作用，他们是否要承担责任，对于这些都没有规定。

虽然，中国在依法治教方面取得了很大进步，出台了各级各类的法律文件，并且及时修订，但是，在实践层面，很少有人和组织因为教育违法而受到法律惩罚。也很少有人利用法院实施教育问责，检察院也缺乏这方面的公诉意识。我国教育督导机构对地方政府、学校的监督乏力，与督导机构的独立性无关，关键在于法治社会的成熟度不够。世界各国的督导机构有独立的，也有不独立的。各国督导机构都没有权力直接奖励或者处罚谁，都需要向行政部门、司法机构提出建议，关键是政府如何对待督导结果。督导机构的职责是公布真实的督导结果，通过社会监督就可以督促政府和学校改正行为。美国公民认为地方政府违法可以去法院起诉，而法院的裁定结果会得到社会和政府的充分尊重。我国督导问责的第一步应是先做到把督导发现的问题公之于众。

督导机构属于政府的部门，所以督导是我国政府行政问责的一种内部监督机制。这种机制帮助上级政府对下级政府增强控制力，能够更快、更有效地纠正地方政府在教育履责方面的不当行为，能够保障体现了高层政府意志的教育法律的执行和落实。但是，从长远来看，这种做法弱化了司法体系的作用。司法体系作为行政诉讼裁决者的角色弱化，导致地方公权力很难受到法律的约束。由于纵向问责机制自身的局限性，高层政府事实上也很难对地方政府的日常行为进行纠正，反而是弱化了地方政府受到的外在约束（郁建兴，高翔，2012）。所以，督导的督政功能对于督促地方政府遵守教育法律法规来说并不完全是一件有益的事情，督导也不是在所有发达国家都存在或者作为一个庞大的体系存在。督导走向以督学为主则是必然之路。

三、督导问责的应用范围

英格兰的督导制度完善而发达，在有督导制度的国家中具有很强的示范性。英格兰督导机构的国家级管理机构是教育、儿童服务及技能标准局，是一个由女王总督学领导的政府机构，与教育部相对独立，经费由议会通过，直接对议会报告，组织体系是一个中央直管的独立体系。对面向儿童和青少年的关护服务以及为各个年龄群体的学习者所提供的教育和技能服务进行督导和执法检查。帮助服务提供者发现按照良好标准要求应改进的地方，监控他们的进步，分享督导过程中发现的优秀实践经验（教育督导团办公室，2011）。

芬兰是没有督导制度却拥有高质量高公平程度的典范。芬兰曾经实行中央集权的教育管理体制，教育督导系统覆盖全国。20 世纪 90 年代，芬兰开展公共管理体制改革，建立了以地方自治为基础的分权式教育管理体制，废除教育督导制度（丁瑞常，刘强，2014）。世界银行对比各国教育系统后，认为芬兰的教育系统成功之处在于两个要点，教育在几十年来一直在国家发展中处于优先发展的地位，其次是教育系统依靠信任运行。教育部（Ministry of Education）负责教育政策的制定和中央集权化的投入，芬兰政府对所有公立学校和私立学校投入资金，全国只有 1.5% 的学校是私立的，从学前到职业教育的经费，45% 来源于中央政府，55% 来源于都市政府。芬兰国家教育委员会（The Finnish National Board of Education）作为教育部的执行机构，负责教育的提供和教育发展，包括课程设置。上述内容在学校层面的实施和落实则是都市政府的责任，通过都市学校董事会（Municipal School Board）完成任务。教育部层面的教育政策包括每个年级水平的孩子应该知道和掌握的内容指南或者大纲。但是学校有自由使用自己的方法达到国家标准的要求。教育投入由中央政府和都市政府共同承担，但是预算制定、分配和管理由地方政府负责，校长可以参与地区预算的制定，负责本校的预算制定。学校董事会在芬兰并不普遍，家长信任教育系统，认为没有必要干预学校管理，家长若想了解学校预算和经费使用情况可以随时去查。

国家对学生表现有基于抽样的全国性测验，以此监控教育质量，质量评价的水平处于世界领先的位置。而世界银行对芬兰学校问责制度的评价仅仅是有该制度。家长如果需要对学校问责可以去市政府表达意见。每年只有15%的学校被检查，学校主要依靠自我评估发现问题、修正问题。芬兰国家教育委员会发布一系列的年度报告，用量化指标向社会说明教育水平的全国状况。此外，芬兰国家统计办公室也发布教育数据；每三年有一个正式的教师培训报告，各市的平均学校表现数据也可以在网络上查到。规模较大的市也为学校教育工作者提供他们自己的学校水平的数据。一般而言，学校和学生表现数据的分析是由教育部或者委员会完成的，因为，教育问责的真正客户是各市政府。问责的类型还包括市政府和学校之间经常性的对话（World Blank，2012）。芬兰的信任系统建立在教师的高选择性和很高的社会地位基础上。中央相信地方能够办好教育，家长和社会相信教师是专业人士，能够教好学生，不需要频繁去检查督导，而近年来芬兰教育质量在国际评价项目中的优秀表现，增强了全社会对教育系统的信任。

英国和芬兰完全不同的督导问责文化启发我们思考如何看待我国督导问责制度建设的问题。首先，督导内容是由行政系统的特点所决定的。英国和芬兰两国都不存在政府不落实投入职责的问题，因此，英国的督导和芬兰的教育问责内容不包括政府投入职责，执行预算是一种自然的事情，完备细致的法律规定和诉讼环境、当地多方面成员构成的各类委员会，以及政府主要负责人的民选方式从常规上保障了当地学生的入学权利平等和学校管理的科学规范性。而我国督导是上级政府对下级政府落实教育职责的重要监督手段，随着预算、审计等制度的严格执行，决策和管理方式的民主化，督政职能弱化将成为必然趋势。

其次，学校问责结果诚信公开是提高问责权威性和影响力的常规方式和重要手段。督导报告毫无保留地公开，使英国家长可以通过学校督导报告给孩子选择合适的学校。更重要的是，督导报告公开赋予公众监督学校和政府的权力，对于督导不合格的学校政府必须采取措施进行整改或者委托管理，等等。我国督导报告公开已经有专门的政策规定，但是，实际操作过程中还需要提高公开程度。

最后，督导并不总是必须的。督导是一种外部监督，英国督导在学校发展和地区教育管理中发挥了极其重要的作用，芬兰则没有督导制度，中央政府和社会公众对学校和地方政府的信任免除了外部监督。英国社会也在反思，为什么芬兰没有督导制度，其整个教育系统却运行良好，PISA 测试中芬兰学生各科表现始终名列前茅，并且学生成绩受家庭社会经济地位影响最小。芬兰教育系统的优秀表现、教师职业的高选拔性、社会信任三者之间相互关联。芬兰是世界上对教师选拔性最强的国家。教师都必须拥有硕士学位，收入与律师、医生、工程师等高收入群体相当，而假期数量远远高于这些职业，社会地位很高，因此，教师职业对精英群体有很强的吸引力❶。高素质人群从事教育事业从根本上保障了教育质量，而世界上很多国家则不舍得对教师队伍建设重点投入，企图用社会的中等人才培养出优秀人才。芬兰教师的高地位、高学历、高能力，一方面使这个队伍有较强的自尊和成就动机，另一方面使全社会敬重这个群体。社会的信任使这个群体产生更强的自尊和成就动机，教育质量获得进一步提高，社会则更加信赖教师队伍，由此形成良性循环。芬兰的质量监测或者学校自己的考试结果不会成为评判教师、学生好坏的标准，只是用来了解和改进教学工作。芬兰的信任文化激发了教育系统的内部成就动机，英国的督导文化起到强化外部动机的作用。我国则完全缺乏信任文化，各级政府各个部门对学校的检查层出不穷，对教师内部动机的形成危害严重。政府对教育系统简政放权，尊重学校的办学自主权是提高教育质量，弱化对督导依赖的重要渠道。

---

❶ Are Finnish schools the best in the world？［DB/OL］.（2011 – 05 – 26）［2016 – 05 – 01］. http：//www. independent. co. uk/news/education/schools/are – finnish – schools – the – best – in – the world – 2289083. html

第二章　农村学校课程的供给与建设

办学条件提供了开展教育活动的场地和工具，课程供给则提供了教育活动的内容，我国农村学校近年来办学条件显著改善，但课程供给仍与城市学校存在较大差距，并且常被批评脱离农村实际。农村学校与社区没有建立起良好的互相支持关系，一方面农村社区文化投入不足，农村贫瘠的文化环境不能给农村学校的教育教学改革提供必要的人力、氛围、机构、物质资源等方面的支持，也降低了作为知识分子的教师群体坚守农村学校的意愿；另一方面，国家课程的提供也因为教师缺乏、管理不规范等原因，存在开不齐开不足的现象。农村学校应试倾向严重，采用城市化教材缺少因时因地的变通，培养农村社区下一代建设者的功能弱化。农村学校成为坐落在农村的城市学校，农村学生背弃农村生活却无法融入城市生活，农村学校也没有能够传递农村的优良文化，导致农村文化环境越发贫瘠。为了全面缩小城乡差距，国家制定了城乡一体化的战略，对教育的城乡一体化、农村学校为新农村建设和农业现代服务提出了要求。教育的城乡一体化不仅应坚持城乡相同课程标准、课程开齐开足保障条件一体化，更要给予农村社会环境与城市相同的教育资源地位，将国家课程乡土化，从学术性学习到社区服务全面建立学校与社区的相互支持关系，促进农村社区和农村人口的共同发展。

第一节　课程实施城乡一体化现状

一、农村的文化贫困现象

（一）文化投入的城乡差异

2014 年年末，全国城镇居民人均教育娱乐文化消费支出 2142.3 元，农村为859.5元；城镇居民每百户拥有移动电话216部、电脑76.2台、照相机35.2台；农村居民每百户拥有移动电话215部、电脑23.5台、照相机4.5台❶。手机的价格从百十元到几千元各种价位都有，这有效地满足了农村人口交流的需要。而电脑、照相机的每百户拥有量，城市是农村的3.24倍和7.82倍，相对于农村收入来说，电脑和照相机的最低价格也是比较高的，其价值中文化和娱乐的比重更大，所以农村家庭拥有量锐减。

农村家庭不仅在文化上的投入远远低于城市，农村地区公共文化建设也普遍滞后于农村发展的需要，城乡公共文化发展很不平衡。农村地区缺乏丰富多彩、积极向上的文化活动，传统的文化活动形式严重衰败，有些民间文化活动由于缺乏传承已经在乡村消失，一些低俗文化逐渐占领了农村市场。

江苏省是我国东部地区经济和文化都发达的省份，该省地级市中除了苏州市实现了对农村文化建设的倾斜投入，泰州和宿迁等地的城乡文化投入仍存在很大差距。尤其是泰州，城市人均投入是农村的7倍多（见表2.1）。

表2.1　2012年江苏省三地市文化、体育与传媒投入城乡差异❷

	苏州		泰州		宿迁	
	城市	农村	城市	农村	城市	农村
文化体育与传媒投入占地方公共财政预算支出比例（%）	2.14	2.34	4.20	1.60	1.30	1.23
人均文化体育与传媒投入（元/人）	220.12	253.80	549.24	72.52	84.96	51.07

有调查显示，安徽省成年农村人口业余活动主要是：50%的人看电视，30%的人打麻将、打牌，上网的人不到10%，读书看报的人也不到10%；看电影、下棋、打球、看戏等很少见；赌博现象普遍（丁成际，2015）。一项

---

❶ 中国统计年鉴.2014. http：//www.stats.gov.cn/tjsj/ndsj/2015/indexch.htm

❷ 王瑾，凌宁.江苏省城乡公共文化服务均等化过程中的困境及对策研究［J］.淮海工学院学报（人文社会科学版），2015，13（6）：96-99.

对西部地区农村的调查结果显示，84.4％的农民不经常去图书馆或书店；报刊或杂志的占有率仅为14.1％；农民的业余文化活动单一，40.7％的农民空闲时间选择在家看电视或听广播。57％的农民认为自己的文化消费主要是村里婚丧嫁娶时的小型演出和节庆活动，92.5％的群众认为村内公共文化设施的种类和数量都需要增加（曹爱军，方晓彤，2010）。上级政府对农村文化的有限投入大多局限于县乡文化馆站的建设，公共文化资源真正进入村庄内部、与农民群众日常生活相联系、能够被农民群众所享受的农村公共文化资源不但数量有限而且缺乏多样性，表现出"重城镇阵地、轻边远山区，重大型庆典、轻日常活动，重精美培养、轻大众普及"的现象（曹爱军，2009）。农村文化工作在政府绩效考核中处于边缘位置，也导致乡村文化建设不力，乡镇文化站、行政村文化活动室形同虚设。曾经在农村经济发展中起到重要作用的农技站也因受种种因素影响走向衰败。

校外课程资源，如科研机构、图书馆、博物馆、展览馆、科技馆、体育馆等，在农村地区很难找到，附属于这些机构的、可以做校外辅导的人力资源无从谈起。部分农民价值取向失范、道德观念混乱，更是对学校的德育工作产生负面影响。

新农村建设提出加强农村文化服务，但农村文化服务模式主要是由文化行政部门主导的单向的、强制性的、灌输性的文化公共产品的供给模式，较少考虑农民群众的现实需求和受众地位，表现为一种精英文化对乡村文化的改造，服务与服务对象的需求脱节。文化下乡模式导致送时溅起一片涟漪，走后仍旧死水一潭。农村社会需要日常的、可持续的文化发展模式，从非物质资源、设施设备等物质资源到制度需要全方位的建设，还需要对传统优质文化进行传承和发扬。而农村学校在农村社会是文化资源最丰富的机构，却没有得到充分利用。

（二）农村社会对教育的认知

农村人口的教育年限也与城市人口存在较大差距。第六次人口普查数据显示，乡村文盲人口占15岁及以上人口比重为7.26%，城市人口的该比例只有1.9%，镇为3.87%。城市人口平均受教育年限10.57年，而农村人口平均不到 7.58 年❶。学校的发展对于平均受教育程度低的社会尤其重要，但农村社会对学校工作的支持非常有限，既不能像城市社会那样给学校提供一些主题教育活动，也缺乏帮助教师完成学生课外作业辅导工作的能力。在学校日常管理上，农村学校要时刻提防农民对学校财产的盗窃，农村学校教室、宿舍、食堂窗户上固定了一层层铁栏杆防盗，全然无法顾及防火的安全需要。

教育的缺乏使农村人口缺乏改善家庭生活质量、应付负性生活事件的能力。中国农村自杀率为城市的 3.27 倍，而发达国家的自杀研究并没有发现明显的地域差异（费立鹏，2004）。李宁（2009）等人对辽宁、山东和湖南 16 个县发生于 2005 年 10 月至 2008 年 6 月期间且年龄在 15~34 岁之间的自杀案例 392 例、正常死亡对照案例 416 例，进行多因素 Logistic 回归，发现受教育程度低、家庭自杀史、负性生活事件、社会支持得分低、精神疾病、绝望量表得分高、积极应对得分低是中国农村地区 15~34 岁青年男性和青年女性共同的自杀危险因素。受教育程度越高自杀风险越低的结论在后来的研究中也得到证实。对山东省和湖南省 13 个农村县 2012 年 5 月 1 日至 2013 年 7 月 30 日期间 15~54 岁自杀事件的研究也证明，受教育程度是显著的保护性因素（孙龙，2015）。受教育程度高的人积极应对能力较高，也较少冲动，在负性生活事件中能够起到保护作用。教育是最重要的赋能手段，但是农村社会由于其自身教育程度不足，体会不到教育对人的发展的作用，简单地将教育支出与经济和社会地位回报挂钩，以此判断读书是否有用。"读书无用"论的存在进一步恶化了农村学校的生存环境，抵消了教育的效果。

二、课程落实的城乡差异

（一）供给模式的应试倾向

采用中国教育科学院 2015 年《基础教育满意度测评》课题的小学生调查

---

❶ 中国 2010 年人口普查资料［DB/OL］.［2016 – 09 – 15］. http：//www. stats. gov. cn/tjsj/pcsj/rkpc/6rp/indexch. htm 平均受教育年限 =（样本含小学文化程度人口数＊6 + 初中＊9 + 高中＊12 + 大专及以上＊16）/六岁以上总人口

数据，分析农村学校与城市学校之间在课程供给上的差异，结果发现，农村学校更倾向于应试教育的供给模式，不重视音体美、综合实践、课外活动等课程的落实。让学生对学校按照课表上课的情况、课外活动情况进行打分，1 分表示学校完全做不到，7 分表示学校在这方面做得很好。经显著性检验，以及差异显著性效应检验，城市学校在落实音乐课、美术课、实践活动课、课外活动安排上都优于农村学校，农村小学仅体育课得到较好的保障。非升学考试科目课程开不齐、课时开不足，有教师不足的因素，也有认识方面的因素，不少人认为农村学生需要更多的题海战术，从而在与城市学生的竞争中获得升学机会。中国教育科学研究院 2012 年的一项内部调查显示，66.89%的乡村初中教师认为多留作业可以提高学生成绩，这个数字比城区初中教师高了 10 个百分点。总的来说，在课程开齐开足方面农村学校处于不利地位。

表2.2 分城乡小学课程供给情况

	学校位置	样本量	均数	标准差	效应值（d）
学校能按课表上体育课吗	城市	5924	6.01	1.169	0.185
	农村	5680	5.79	1.230	
学校能按课表上音乐、美术课吗	城市	5924	5.98	1.225	0.323
	农村	5680	5.56	1.398	
学校能按课表上综合实践活动课吗	城市	5924	5.77	1.455	0.265
	农村	5680	5.38	1.505	
学校的课外活动多吗	城市	5924	5.40	1.431	0.222
	农村	5680	5.07	1.477	

注：效应值 d = 0.2 表示效应小，d = 0.5 表示效应中等，d = 0.8 表示效应大。

（二）实施模式向城市看齐

农村学校对语文、数学等文化课的管理和实施形式也存在向城市学校靠拢的倾向，使用相同的课本、教辅，以及教学计划安排，通过城市取向的知识传授、价值引导，强化了农村学生对城市生活的向往。但是，农村学校由于各种条件的限制并不具有城市学校那种落实国家课程、地方课程的条件，比如缺少专业教师资源、缺少实验仪器设备、缺少学生家庭和所属社区的支持，等等。

国家课程标准规定了必须教授的内容和学生应达到的水平，但并没有要求学校用相同的教材、有相同的进度，然而，学校一般还是在县级教育局、教研室的安排下步调一致地教课。如此做法既有大一统思想习惯的影响，也有管理简单的需求，更有教师水平无法做到独立规划教学的现实因素。发达地区的城市学校纷纷尝试国家课程的地方化、校本化，按照国家课程标准重新编写、组织教材，制订教学计划。最需要将国家课程地方化或者乡土化的农村学校反而做不到，科学课多在教室里做个演示，既不去实验室也不会走出校门分析化肥的成分和使用办法。生物课也只是在教室里讲讲，教师极少带学生走向原野认识生物。政治课对土地流转的教学更多是背背知识考点，而不是走到村庄去做调查。国家课程的教学与农村生活脱节，学生很难做到自主将所学与乡村生活结合起来，从而导致国家课程被批判城市化。2015 年春季，《中国教育报》一篇未署名的文章《教材课程向城市化倾斜 农村学生缺乏乡村情怀》被媒体广泛转载，将教材的城市化倾向等同于课程的城市化进行批判。国家课程标准本身无所谓城市化，它表达了儿童应对现代生活必须具备的知识和能力，而采用什么方式传递知识和培养能力取决于教育机构。

（三）学校封闭隔离的代价

生活是人生的主要经验来源，在教育学生如何应对生活、如何应用课堂所学知识时，学校采取体验性教育的效果最好。城市学校在课程改革和招生考试制度改革过程中不断提高对学生校外教育时间的要求，鼓励或者强制学生在社区中参与教育活动，例如开展综合实践、研究性学习、社团活动、参与高校和研究机构的研究活动，等等。而农村地区由于学校布局调整，大量学生不得不寄宿，2012 年，全国农村小学、初中寄宿生分别为 920.3 万人、1790.4 万人，寄宿比例分别为 13.1%、53.9%。这样一来，农村学生生活从时间到空间均与乡村生活割裂，在教室里记诵、练习抽象的知识和技能，下课后继续写作业应付考试升学。乡土风俗习惯、乡村生活技能、农业劳动技能、乡土知识、人际交往、关爱邻里等隐性知识和技能，不仅没有得到学校的传承，还由于封闭式教学管理被排斥在学生的生活之外。这对农村文化传承是一个沉重打击，对农村学生的乡土认同、乡土情感、继承父业的意愿都有严重负面影响，使农村成为回不去的家，造成农村学生的无根感（《中国教育报》，2015）。农村学校培养着未来的农村人口，新农村建设不仅应将农村学校纳入建设规划中，还应打开农村学校的大门和课堂，吸引青年一代关心和参与新农村建设。

三、国家课程城乡一体化

（一）城乡一体化的含义

"城乡一体化"简言之就是城乡居民在各项政治、经济、文化、社会权益的国民待遇上平等，工农业协调发展，城乡共同繁荣。我国社会形成这样一个认识经历了十余年的探索。

最早使用的城乡一体化概念是"统筹城乡发展"，党的十六大报告首次提出了"统筹城乡经济社会发展"的概念，报告在阐述经济建设和经济体制改革问题时指出，"全面繁荣农村经济，加快城镇化进程。统筹城乡经济社会发展，建设现代农业，发展农村经济，增加农民收人，全面建设小康社会的重大任务"。

党的十六届三中全会，将"统筹城乡经济社会发展"深化为五个统筹，即"要按照统筹城乡发展、统筹区域发展、统筹经济社会发展、统筹人与自然和谐发展、统筹国内发展和对外开放的要求，更大程度地发挥市场在资源配置中的基础性作用，为全面建设小康社会提供强有力的体制保障"。

十七大报告首次提出"城乡经济社会发展一体化"理念，"要加强农业基础地位，走中国特色农业现代化道路，建立以工促农、以城带乡长效机制，形成城乡经济社会发展一体化新格局"。

党的十七届三中全会对"城乡一体化"发展从六个方面进行部署：统筹土地利用和城乡规划，统筹城乡产业发展，统筹城乡基础设施建设和公共服务，统筹城乡劳动就业，统筹城乡社会管理，积极推进统筹城乡综合配套改革试验。党的十七届三中全会还提出要把"扩大公共财政覆盖农村范围，发展农村公共事业"作为破解城乡二元结构的根本措施，使广大农民学有所教、劳有所得、病有所医、老有所养、住有所居。

党的十八大明确提出城乡一体化发展是解决"三农"问题的根本途径，并要求加大统筹城乡发展力度，加快完善城乡一体化体制机制，促进城乡共同繁荣。党的十八届三中全会更是对"健全城乡发展一体化体制机制"问题进行了全面系统阐述，提出城乡二元结构是制约城乡发展一体化的主要障碍，必须健全体制机制，形成以工促农、以城带乡、工农互惠、城乡一体的新型工农城乡关系，让广大农民平等参与现代化进程、共同分享现代化成果。党的十八大五中全会提出五大发展理念，坚持协调发展，重点促进城乡区域协调发展，促进经济社会协调发展，促进新型工业化、信息化、城镇化、农业现代化同步发展，在增强国家硬实力的同时注重提升国家软实力，不断增强发展的整体性。推动城乡协调发展，健全城乡发展一体化体制机制，健全农村基础设施投入长效机制，推动城镇公共服务向农村延伸，提高社会主义新农村建设水平。

从党的政策演进，我们可以看出我国政府解决"三农"问题的思路从重视经济的统筹发展，不断走向成熟，确立了以城乡一体化为指导的政治、经济、文化和社会各方面的平等发展。这种认识被地方政府完全正确理解还需要一定的时间，从各地城乡一体化的规划来看地方政府对城乡一体化的理解还存在偏差。江苏省是全国城乡发展差异最小的省份之一，但是《江苏省新型城镇化与城乡发展一体化规划（2014～2020年）》中也表现出对农村定位的不当，"统筹城乡发展，有利于促进城市文明向农村延伸，实现城乡社会共同发展、全面进步，使全体人民共享现代文明成果"。这句话传递了城市文明先进农村文明落后的含义，农村文明所依附的农村经济和社会也被打上落后烙印，在摒弃"落后"追求"先进"的思想指导下，农村必须放弃自身特点模仿城市发展的步伐。城镇化是将农村变成城市、农民变成市民的过程，这是一个不可逆的过程，但最终总会有一些农村被留下来。城乡一体化表达的就是，不论是城镇化过程中尚未变成城市的农村，还是最终留下来的农村，都拥有与城市相同的地位，城乡居民基本权益平等化、城乡公共服务均等化、城乡居民收入均衡化、城乡要素配置合理化，以及城乡产业发展融合化。

城乡一体化发展不是通过城镇化由城市取代农村，也不是被城市文明同化，而是通过打破城乡二元结构实现城乡发展权益的平等，并尊重农村经济、社会、文化发展在国家发展中的地位。

（二）课程城乡一体化的含义

教育是获得发展能力的基础，所以教育城乡一体化是公共服务城乡一体化的重要内容。义务教育城乡一体化的主要措施是：统一城乡教师编制标准，统一城乡生均公用经费基准定额，实行义务教育公办学校标准化建设，利用信息技术共享优质资源，建立县域内城乡校长教师交流轮岗机制，发放农村教师生活补助，推进农业转移人口随迁子女平等接受教育等。2016 年 5 月，中央全面深化改革领导小组第二十四次会议审议通过了《关于统筹推进县域内城乡义务教育一体化改革发展的若干意见》，指出统筹推进县域内城乡义务教育一体化发展，要在合理规划城乡义务教育学校布局建设、完善城乡义务教育经费保障机制、统筹城乡教育资源配置、提高乡村教育质量、稳定乡村生源、保障随迁子女就学、加强留守儿童关爱保护等方面推出务实管用办法。新增了统一基本装备配置标准、"两免一补"政策城乡全覆盖、将优质高中招生分配指标向乡村初中倾斜等城乡一体化规定。

四川省成都市是教育城乡一体化的示范地区，从六个方面推进教育城乡一体化。一是推进教育规划城乡一体化，按照"幼儿园小学就近、初中进镇、高中进城"的要求，统筹规划、调整、布局城乡中小学校点；二是推进办学条件城乡一体化，实施农村中小学标准化建设，农村中小学校舍面积和技术装备达到城区水平；三是推进教育经费城乡一体化，农村小学生和初中生人均公用经费达到城市标准；四是推进教师配置城乡一体化，实施中小学校长定期轮换和教师跨区域交流制度；五是推进教育质量城乡一体化，优质学校与农村学校建立联盟；六是推进评估标准城乡一体化，建立义务教育校际均衡监测制度（四川省成都市，2011）。这六个方面着眼于宏观层面的一体化，尚未落实到课程城乡一体化的层次。

为了提高农村学校教学质量，各地探索出学区化、集团化办学，成立学校联盟，城乡学校捆绑评估，城乡对口帮扶等提升方式，这些方式往往将城市学校的教学内容、教学模式、教学计划简单搬到农村学校，缺乏对农村环境适应性的考虑。《关于统筹推进县域内城乡义务教育一体化改革发展的若干意见》对课程在农村的本地化提出了要求，"在音乐和美术（或艺术）、体育与健康等学科中融入优秀传统艺术和体育项目，在学科教学特别是品德、科学教学中突出实践环节，确保综合实践和校外教育活动常态化。开展专题教育、地方课程和学校课程等课程整合试点，进一步增强课程的基础性、适宜性和教学吸引力"。至此，农村学校的国家课程中部分非常规升学考试科目课程、地方课程、校本课程建设纳入城乡一体化的战略中。

那么，国家课程建设是否需要城乡一体化、如何实施城乡一体化？

正确实施课程城乡一体化应坚持以下几点认识：

第一，国家课程标准具有统一性、强制性效力，全国所有学校国家课程的实施必须依据相同的国家课程标准，因此，国家课程标准不存在要不要城乡一体化的讨论，不论在任何地域的学校都应不折不扣地落实国家课程标准。城乡课程的数量和种类都应遵循国家课程标准的规定，国家课程的落实应当是城乡一体化的。

第二，城乡一体化不是投入措施的同等化，而是投入结果的同等化。国家从物质和人力上的倾斜投入，弥补社会和家庭的不足，做到城乡学生实际享有的教育资源的一体化，保障国家课程实施的一体化。当农村家庭缺少完成课后作业的材料时，例如《教材课程向城市化倾斜 农村学生缺乏乡村情怀》一文报道的农村学校家庭因缺少柠檬酸和小苏打导致学生不能完成作业，这种现象完全可以通过对农村学校的倾斜投入消除。

第三，城乡教育一体化是服务质量的一体化，城市教师交流到农村、集团化办学、学区化等都不应该移植城市教学情境。农村的文化环境、自然环境获得教学情境的地位在国家课程的实施中得到平等对待。城市学校研究国家课程地方化、校本化的时候，农村学校应研究国家课程的乡土化，二者异曲同工，都是让国家课程的学习与学生身边环境联系起来。使教师、学生的目光投向学校外，关注社会的发展，培养对社区或者家乡的责任感，成为本地文化的传人。

第二节　城市化国家的课程乡土化

高度城镇化的发达国家一直强调学校的教育对象既是学生也是社区成员，学校教育要为社区服务，课程内容要对社区发展有适切性，即在统一的课程标准规定下，课程落实方式乡土化。我国社会正处于快速城镇化进程中，迫切需要学习发达国家在坚持课程城乡一体化背景下加强农村学校课程建设的经验。

一、以课程为中介的社区互动

芬兰15岁学生的PISA分数一直保持在各国前列，并且学生分数受家庭背景影响最小，或者说教育最为公平。芬兰教育优质而公平从小学阶段就奠定了基础。芬兰地广人稀，34万平方千米土地上分布着500万人口，很多学前班和小学坐落在分散的乡村里。芬兰的农村学校也经历着社会结构的变化、出生率的下降等因素带来的学生数减少的压力。30%的农村小学规模很小，只有2~4个永久性教师雇员，每个年龄组约有20%的学生在学生总数不到100人的农村小规模学校就读（Kalaoja & Pietarinen，2009）。

农村小规模学校在芬兰曾经承担并且仍旧承担着一项历史性功能，即社区中心，提供社区开会、文化和社会活动的场所。本地社区常依靠学校组织活动，将社区里的公共部门、机构和居民组织起来。但学校也不仅仅被期望为一个社交活动机构，更被期望培养学生对社区的责任感、以及解决社区问题的能力（Kalaoja & Pietarinen，2009）。社区的村民建立委员会，参与学校管理，提高校舍使用率，把社区里的一些积极要素渗透到学校课程中。学校和周围社区的互动被芬兰人视为一个重要的社会性资产，当学校被关闭，其价值更加凸显。这种社会性资产是隐性课程的范畴，补充了课堂教学无法完成的教学内容。我国的农村学校也曾经被当作农村的教育中心、活动中心，但随着教育管理权限的不断上收，学校布局离村庄越来越远，农村学校与社区也越来越疏离。

教师通过开发本地定向的学校课程帮助整个学校成为社区的活动中心。芬兰学校的课程管理和建设采取分权制，农村小规模学校同城市大规模学校一样有开发自己课程的权力。在遵守国家核心课程的基础框架以及价值导向的前提下，芬兰的学校有权力和责任开发自己的课程。自身独立的课程使学校能够集中精力围绕教育目标，开展特色活动。本土化的决策和专业性是芬兰学校非常看重的，并且也是社区居民参与学校教育教学的需求。学校里的教师就是规划本校课程和学校改进策略的专家，因为他们最了解本校的潜力、际遇和局限（Kosunen & Huusko，2002）。

芬兰的学者研究发现，农村小规模学校的教师比城市教师更满意自己的工作条件，而且小村庄里的教师能够发挥更大作用。小规模学校的教师更为敬业（Meriläinen & Pietarinen，2003；Pietarinen & Meriläinen，2008），对教育局的指导到位、家长支持有力、校长热爱学校和师生、人际关系简单、学生行为良好等方面，农村教师的态度都比城市教师积极。社会对农村教师的期望更高，也导致他们的压力更大一些。农村教师不仅要应对复杂的复式教学，还要承担学校作为社区社交中心的建设任务。由于农村学校规模较小，农村教师的价值就等同于学校的价值。

教师住在学校附近的社区或者学校里面，他们也是社区居民的一分子，所以了解本地学生和社区的需求。但是，现在也有这样一种倾向，越来越多的教师住在人口密集的城镇，而仅仅在农村学校工作。这种趋势让农村社区的居民开始担忧，担心教师居住在社区之外，就切断了他们与社区文化的联系（Kalaoja & Pietarinen，2009）。

二、扩大的社区教育理念

我国将社区教育窄化为政府主导的、社区组织的教育培训活动。以社区教育发展走在全国前列的江苏省为例，该省建立了以城市社区学院为龙头、县区职教中心为骨干、乡镇（街道）社区教育中心为基础的社区教育发展格局。2015 年颁布的《江苏省社区教育示范区建设标准（试行）》对社区教育的对象和内容规定为，"广泛开展各类教育培训活动。全年接受社区教育服务的社区成员占全体成员的比例，城市达 60% 以上，农村达 40% 以上。城市社区，登记在册的下岗待业人员和外来务工人员的培训率分别达到 70% 和 50% 以上。农村社区，农民实用技术培训率达 30% 以上，农村劳动力转移培训率达到 50%。社区教育机构中有专门服务未成年人的场所和主题教育活动，未成年人参与社区教育活动的比例不低于 50%。老年人参与社区教育学习活动的比例达 20% 以上"。可以说，我国社区教育范畴里不包括中小学，属于非正规教育范畴。我国青少年的社区教育往往是以校外教育的形式实施，由校外机构组织道德教育、法制教育、安全教育、节日联欢等，较少与学校课程学习联系起来。

在芬兰，社区教育理念则被用来指导义务教育学校和社区的关系，在社区教育理念下学校和学生在解决社区问题方面发挥不可或缺的作用，并且通过服务性学习方式解决社区问题与学校课程整合存在的困难（Kalaoja & Pietarinen，2009）。社区和学校双方互相承担义务，社区是学生学习和研究的对象，是课程资源，是学生实践的空间；而学校为社区培养有责任感的社区成员，帮助社区发现问题和解决问题。

三、服务性学习的桥梁作用

服务性学习来源于杜威"做中学"的经验教育思想，在芬兰服务性学习被认为是一个防止年轻人与社区疏离的强有力的教育策略。基于课程的服务性学习过程提供了有教育意义的挑战机会，将学校教育和生活现实存在的问题相结合，强化学术技能、提高批判性思维以及提高公民意识和责任感（Denton，1998/1999；Carter & Winecoff，1997/1998）。服务性学习在美国中小学中也非常普遍，政府为此颁布法案，还成立了各种性质的组织推动。

1993 年，美国《国家服务法案》对服务性学习的定义是（Meyers，1999）：

●学生通过积极参与认真规划组织的服务经历完成学习任务获得发展；这些服务满足社区的实际需求并且由学校和社区合作策划组织。

● 服务性课程整合入学生的学术性课程，时间安排是结构化的，提供了学生思考、讨论和写作的时间，表达其在服务实践活动中的所为所思。

● 服务性课程提供了学生将新习得的知识和技能在他们日常生活的社区真实情境下进行运用的机会。

● 将学生的学习拓展到课堂以外，扩展学校所教的内容，帮助学生促进关爱他人的情感的发展。

美国国家和社区服务协会（Corporation for National and Community Service）将服务性学习定义为：“服务性学习是传授公民意识、学科知识、技能和价值观的一种方法，是一种主动学习方法，学生从服务工作的经验中获取经验和教训。服务性学习不仅在初等教育、中等教育和高等教育中广泛应用，而且也是实施校外教育计划的一种策略。”（Spring，Grimm & Dietz，2008）

服务性学习的课程通过经验性学习和反思的过程展现给学生，提供给社区的服务与课程相联系，学生的学习结果包括学术技能和知识的习得，分析、综合、评价能力的习得，以及与同伴和其他社区成员一起解决问题的能力的习得（Meyers，1999）。服务性学习可以说是一种教学方法，学生运用新学到的学术知识和技能解决自己社区中的实际问题。服务性学习与社区服务不同，社区服务是通过公益活动，例如看护老人，培养学生的社会责任感；服务性学习与学校的教学紧密相关，在培养学术能力的同时培养学生的社会责任感。Howard（2001）提出了好的服务性学习教学实践的原则：服务学习而不是服务以学分，不能放松学术要求，为学生制定学习标准，建立安排服务性学习的标准，建立服务性学习的教育机制，帮助学生学会从服务性学习中有所获得，帮助学生缩小在社区学习与课堂学习中角色差异带来的挑战，重新审视教师在教学中的作用，做好应对学生学习结果上的不确定性和变化的准备，最大程度地发挥服务性学习课程在培养学生社会责任感方面的作用。

2008 年春季，美国全国 1847 名公立学校中小学校长参与了一项社区服务和服务性学习的调查。与以往的调查结果进行对比分析发现，与其他地区相比，低收入地区的学校没有呈现出服务性学习规模的下降趋势，原因在于低收入家庭学生比例高的学校的校长和教师，更可能看到服务性学习带来的学术进步和公民素养的益处。服务性学习在一定程度上能够控制处境不利青年与其他青年之间的学术和公民素养差距（Spring, Grimm & Dietz, 2008）。

我国没有全面开展服务性学习，但是，一些学校以解决社区问题为目标的研究性学习属于服务性学习的范畴。开展服务性学习是课程乡土化的重要策略，首先，要转变学校的办学理念，将满足社区发展的需求作为学校的重要职责；其次，需要培养教师与社区互动的能力、设计服务性学习项目的能力；第三，扩展社区教育范畴，要重视并开发农村社区或者乡土课程资源。

第三节　城乡一体化下的课程乡土化

一、国家课程乡土化的依据

（一）社区与个体发展需求

对于农村学校的定位有两种不同声音，一种声音在批评农村学校实施的是"离农"教育，农村学校教育内容过于向城市靠拢、过于追求升学率，学校教育的目的就是培养农村学生离开农村。离农的学校教育导致农村人的后代不爱农村，农村精英不断流失，而多数没有能力通过考试离开农村的青年却因为缺乏对农村生活的热爱和基本的农业劳动技能，而无法在农村生活、继承父业。因此，批评离农教育的这股力量建议学校要培养学生的农业知识和农业生产技能，实施"为农"教育。但是，也有另一种声音在反驳，认为农村孩子应该与城市孩子一样有追求城市生活的权利，通过学校教育让农村学生离开农村是社会公平的体现，是社会阶层流动的必要渠道。

在讨论教育应离农还是为农之前，我们应该先确立对"农"的正确认识，看到我国农村社会面临的生产、生活方式的现代化进程。首先，土地制度改革、农业现代化、市场化运作方式给传统小农经济带来冲击，网络以及物流业的发展使网络经济和消费在农村开花；农村基本公共设施建设、社会主义新农村建设对传统的卫生、烧饭、出行等生活方式产生了影响。所以，学校教育中传授现代生活方式与农村社会发展的需求并不背离。学校有责任让学生了解农村社会发生的变化、学习如何应对这种变化，并与学生一起促进这种变化的发生。其次，农业与工业一样从来是一种产业形式，农业科学也是自然科学的一部分。学校可以通过将教材里的抽象原理与农村的实际结合而使农业生产方式、农业技术具象化，实现让学生既掌握农业生产、经营技能又掌握课程标准要求的知识和技能。

国家有关学生培养的政策支持教育为社区发展服务。落实社区服务课程、开展劳动教育均要求农村学生走入农村社区，通过服务社区、参与劳动培养学生的社会责任感、劳动态度和技能，产生对社区的归属感和自豪感，热爱和关心自己生活的社区，为社区发展做贡献。从国际经验来看，学校完全可以将国家课程内容与农村社区背景结合起来，让学生既掌握学术能力又能为社区服务。

因此，农村社区发展的需求和学生个人的发展需求可以通过学校课程的改革实现利益的统一。离农、为农的争论没有意义，关键在于学校如何实施课程。一些发达地区的学校放弃固定教材，依据课程标准自己设计教学内容，将国家课程校本化以切合本校学生的需求。农村地区学校也应将教教材的模式转变为落实课程标准的教学模式，至少在县域层面依据本地发展的特点、本地学生的特点将课程乡土化，或者说课程社区化。

（二）情境学习理论

从教育心理学角度看，课程乡土化符合情境学习理论的教学策略。自 20 世纪 80 年代末以来，情境学习理论已成为一种能提供有意义学习并促进知识向真实生活情境转化的重要学习理论。传统的教学实践隐含着一种假设，即概念性知识可以从被蕴含的情境中抽象出来。在传统课堂上，一个人一年能学习 200~300 个单词，并且会因缺乏运用导致犯一些低级错误。在日常交际语境中，一个人通过听、说、读，16 年中平均每年可学到 5000 个单词，平均每天 13 个单词，并且能够灵活运用（Brown, Collins, & Duguid, 1989）。

情境学习理论认为，知识所产生的情境是知识被开发和使用的活动、背景、和文化产品中的一部分，传统的教学方式忽视了学校的文化环境对学校里所学知识的影响。学习的实质是个体参与实践，与他人、环境等相互作用的过程，是形成参与实践活动的能力、提高社会化水平的过程（Brown，Collins，& Duguid，1989；Lave & Wenger，1991）。只有当学习被镶嵌在运用该知识的社会和自然情境中时，有意义学习才有可能发生。

情境学习强调两条学习原理：第一，在知识实际应用的真实情境中呈现知识，把学与用结合起来，让学习者像专家、"师傅"一样进行思考和实践；第二，通过与物理环境的互动、以及社会性互动和协作来进行学习，如发现并提出问题，建构假想或猜测，提供证据或事例等，进行协作、讨论等。情境学习理论最初是用于解释成人的学习，但是很快被广泛应用到学校教育中。在学校里设置五金、木工房、厨房、温室、花园；开展实地考察旅行，如考古挖掘、游学等；在校外机构中通过师傅带徒弟的方式让学生接受培训，例如，科学家带着学生做实验，农场主带着学生挤牛奶，等等。

对农村学生来说，以乡土资源为载体，在熟悉的情境下学习，可以降低他们学习的难度并提高学习效率。正如前文所述，服务性学习能够缩小低阶层家庭学生与其他阶层学生的学业成就差距。

情境学习理论还认为，学习是一种文化适应及获得特定实践共同体成员身份的过程（姚梅林，2003）。"实践共同体"（Communities of Practice）是一个没有社会角色限制、自发形成的非正式学习组织，不是简单地把许多人组合起来，成员有共同愿景和学习愿望，追求共同的目标，通过协商来确定需要共同学习、共同解决的问题。成员对共同体的参与是主动的、已有经验得到尊重、成员之间相互分享。乡土情境下形成的共同体不仅有助于知识的习得，对于乡土认同也至关重要。

二、国家课程乡土化的价值

（一）课程乡土化与乡土教育的关系

国家课程乡土化是依据国家课程标准，学校结合本地农村的自然、人文、社会情境编制教学内容、计划和方法，完成国家课程要求的任务。乡土教育则是关于乡土文化、乡土历史的教育，往往在国家课程之外通过地方课程、校本课程的方式落实。课程乡土化更偏重于课程落实方式的乡土化，教学内容不一定是乡土内容，而乡土教育更偏重于与本地有关的人文、历史、自然等教学内容。例如，同样是教授本地民歌，课程乡土化侧重于选择本地素材完成音乐课程对歌曲视唱知识和技能的掌握要求，按照课程标准应掌握四分音符、八分音符等知识，那么该素材应具有这些特性才能用于教学；乡土教育更侧重于传唱民歌，了解民歌对本地文化、历史发展的意义，对歌曲中包含哪些乐理知识的要求并不严格。国家课程乡土化通过与乡土情境的结合在一定程度上也能够完成乡土教育的目标，在传承传统文化、维护文化多样性、提高文化自信等方面的教育价值上与乡土教育有共同之处。

（二）从乡土认同到国际理解

长久以来，社会都不能正确认识乡土课程资源，近代以来乡土文化一直被剥夺了合法性。作为一个后进国家，我们急于现代化，过去过于坚持西方科学知识的标准，将现代化等同于城市化。城市化的很多指标，如非农业人口比重、城镇的规模等都是通过缩小农村规模实现的，现代化的一个趋向是农村文明的衰落。农村一直被冠以落后，社会普遍认为农村需要用城市文明去洗礼和改造，农村人口自身也极力追求去农村化。从农村建设到日常衣食住行，农村人口逐渐放弃自己文化中那部分优秀特色，力图模仿城市。农村教育没有能够引导农村孩子正确理解前辈所生产、所传承、所享受、所创造的文化。学校教育以城市的所谓现代化的文化为导向，导致农村学生和教师或多或少存在自卑心理。正是这种自卑心理在一定程度上限制了他们对乡土资源的开发，认为这些乡土的东西不能登上教育的大雅之堂。

尊重农村文化也是对农村人口的尊重，保留和维护农村文化是农村发展的需要。"文化多样性增加了每个人的选择机会；它是发展的源泉之一，它不仅是促进经济增长的因素，而且还是享有令人满意的智力、情感、道德精神生活的手段。"（联合国，2008）"捍卫文化多样性是伦理方面的迫切需要，与尊重人的尊严是密不可分的。它要求人们必须尊重人权和基本自由，特别是尊重少数人群体和土著人民的各种权利。"（联合国，2008）学校里提倡讲普通话，不论什么课都要求用普通话，人们认为天经地义。这暗示学生方言是不正规、不入流的语言。而方言往往蕴含着当地的历史文化，是文化的承载。如果一个地方的语言消失了，文化便失去了承载，也就会随之消失。学校教育应该允许师生在学校说方言，还应让方言成为学生的研究对象，研究语音、语意的来源，乡村之间的语言差异等。乡土资源是农村人口安身立命之本，让乡土资源成为课程资源，使乡土资源在学校获得与城市文化平等的地位，有助于农村人口树立自信心，对于乡土资源的肯定也是对农村人口自身价值的肯定。学校与乡土资源隔离导致学校对学生热爱家乡的德育流于形式。让学生热爱家乡首先要尊重其家乡的文化，课程乡土化使学校重新融入所居住的社区，有助于促生社区与学校双方的责任感，有助于师生萌生对农村社区的认同感，进而形成对国家的认同。

乡土资源产生于本地的独特自然和社会环境下，由在本地居住和生活的人创造于不同历史时期，具有地域特点，这种文化的独特性构成了乡土文化的多样性。从十里不同风、百里不同俗，到不同民族之间的文化差异，城乡之间的文化差异，形成了中国大地文化的多姿多彩。学校将课程内容置入乡土情境是对乡土文化的包容和尊重，将作为榜样影响学生学会包容地域差异，进而发展到对世界多元文化的国际理解。我国学生发展核心素养框架中提出了国际理解，学生应"具有全球意识和开放的心态，了解人类文明进程和世界发展动态；能尊重世界多元文化的多样性和差异性，积极参与跨文化交流；关注人类面临的全球性挑战，理解人类命运共同体的内涵与价值等"。网络上充斥的地域攻击说明我国社会的公民还没有普遍具备开放心态、理解和尊重文化差异的素养。连本国内的文化差异都难以理解，如何理解更大的国际文化差异呢？

国际理解素养的培养已经被某些大城市学校践行多年，引进外教当副校长、引入外教授课、引进外国教材或者课程、建立国际姊妹校，等等。在国家明确规定将国际理解素养纳入学生基本素养培养范畴的当下，农村学校连保障英语教学都存在困难，如何培养学生的国际理解素养呢？如果农村学校对国际理解素养的培养方式缺乏正确理解，国际素养的提出将成为对农村教育的一个重大打击。培养学生对本国地域文化多样性的理解和尊重可以作为培养国际理解素养的基础，二者都是培养学生正确对待文化差异的能力。同时，开展国际理解素养教育也应结合乡土环境进行讲解，为学生的理解搭建桥梁。

（三）学校和社区的能力提升

现代发展理论认为，发展是人的发展，人不是消极被动的客体，是发展过程的主体。每一个特定社区都有特定的需求，应当尊重乡土知识和项目执行者的主人翁地位和能力。只有项目执行者农村人口的能力得到提升，项目才是可持续的。发展学的理论也适用于教育领域，它提示我们，农村学校不仅需要我们提供资源，例如投入资金购买仪器设备、图书等，更需要培养其自身开发资源的能力，从而获得学校自主的可持续发展。这种能力需要在做中学，需要在参与中发展。课程乡土化促进学校和社区主动认识学校所处的社区环境，发现社区发展中的问题，结合国家课程内容研究解决办法，这个过程是学校和社区共赢的能力提升过程。

三、国家课程乡土化的要素

课程乡土化的实施策略是社区教育理念的拓展，在社区活动中实施教育、在学校教育中关怀社区发展，核心策略是学校教育与社区发展的整合，一方面学校参与社区发展，另一方面社区参与学校教育。

（一）学校教育参与社区发展

学校教育参与社区发展的主要形式有，课堂上教育内容的传递、教育情境的设计与农村社区关联；师生走入社区参观、做社会调研、开展研究性学习或者主题性学习活动，提供社区服务，等等。教师能够将课程与当地自然、文化、社会生活中的问题结合，如关于植物生长的学习，指导学生从身边最常见的植物入手，荔枝产区可以研究荔枝的生长，苹果产区则研究苹果的生长。认识植物的分类，可以让学生依据课堂知识在校外采集植物标本，也可以带领学生在校园里或者校园外的真实情境下鉴别植物的种类。教育内容与社区环境结合的关键在于培养教师关注社区的意识，改进教师对课本照本宣科、不会联系实际的问题。

土地信托之类的知识离学生传统的学习生活较远，教师也未必清楚其运作原理和效果，如果师生只是在课堂上对着课本讲解，学生能够习得的只是一些无意义的概念，对土地信托与农村土地集体所有制之间的关系也不甚了了。全国教育科学规划"十一五"课题《农村中小学研究性学习资源开发的实证研究》实验学校的政治课教师在教授农村集体所有制这一课程内容时，向学生提出土地信托是否表明我国农村土地所有权已私有化的问题，这一课题引起学生浓厚的研究兴趣。学生10人一小组，了解土地信托的产生、现状以及大众对此问题的认识程度，深入访谈农民和土地信托服务人员，了解他们对土地信托的看法及合理化建议。通过调查，学生认识到信托后的土地性质没有改变，只是使用权在一定年限内发生流转。土地信托是从土地经营制度的深层次改革入手，在坚持家庭联产承包制的前提下，实现了农业的规模化、专业化经营，它加速了人口向二、三产业和城镇集聚，土地信托不仅没有改变土地的集体所有制性质，反而发展壮大了集体所有制经济，是深化农村土地经营机制改革的必然要求，也促进了社会主义新农村建设。在完成调查任务后，学生们还对土地信托问题提出"本县存在借土地信托名义乱占耕地等不良现象，政府应采取措施，加强监督管理；尽快建立村、乡、县三级土地信托服务体系，提高土地信托服务质量"等建议。运用当地乡土资源开展研究性学习，引导学生把学习内容与社会生活、本地农村发展结合起来，学生切身体验到在政治学科中开发运用当地资源进行研究性学习的乐趣，完成了政治课的教学任务。学生关注热爱农村、建设社会主义新农村的思想感情在课外调查中自然而然地培养了起来，而这一点恰恰是在传统课堂教学中很难完成的教学目标。

（二）社区深度参与学校教育

以往社区对学校教育的参与多为提供物质性的支持，例如，帮助学校建校舍、平整操场、购买运动器械等，很少参与到教育教学中来。随着学校布局调整以及国家投入的加大，学校越来越非地方化，社区和学校之间的关系越来越远，使学生在心理上离家乡越来越远。在课程乡土化过程中，社区参与必须是实质性的，提供文化资源、人力资源等支持。社区中有文化、有特殊才能的人可以以辅导员的身份进学校授课，学生也可以走出校园当农技员的助手，等等。社区对于课程建设与教学的参与，不仅可以满足学校对资源的需求，同时，也有助于把学校变为社区的学校，使双方互有归属感。

"十二五"期间，以教育部为主导的乡村学校少年宫和综合实践基地建设取得很大进展，但是这些机构和设施，一是远远没有覆盖所有乡镇，二是有设施的地方主要在乡镇核心区域，不能满足广大农村学生的需求。我们还必须认识到这些机构的教学只是课程乡土化的一部分。推动社区参与学校教育必须由教育系统与非教育系统深度合作，学习美国经验建设社区服务和志愿者中心，帮助学校开展校外服务性学习；同时，政府的机构、事业单位、民间组织都应树立培养祖国下一代人人有责的意识，为学校开展校外学习提供方便。比如，政府应该设立开放日接待学生参观、学习，建立实习生制度；乡镇选举期间可以邀请初中学生帮助做选务工作。社区的支持有利于增进农民后代与政府之间的相互了解，带来的效益不仅是帮助学生了解社会，巩固所学知识、实践所学技能，对于农村社会的民主和谐发展更具有重要意义。

（三）建设学校社区合作机制

以往乡镇教办是乡镇政府的一个部门，建立以县为主的义务教育管理体制后，教育管理职权完全归于教育系统，乡镇政府和村委会逐渐撤出学校发展的决策圈。学校也很少与乡镇政府、村委会有实质性的联系，学校作为农村文化的核心机构很少再发挥作用。让学校成为社区的学校，必须建立双方互相沟通合作的机制，一方面在现代学校制度建设过程中吸纳社区成员参与学校决策，另一方面社区发展决策也应吸纳学校师生参与，从小培养学生参政议政的意识和能力，让师生对社区发展的建议有提交的渠道。

第三章 教师交流政策与教师的感受

教师是让教学资源发挥作用、组织教育教学活动的主体，是决定教育质量校际公平的核心资源。为了缩小学校间教师质量的实际差异，对教师流动进行引导和规范，各级政府制定各种政策强制或者鼓励教师在学校之间换岗、轮岗，从一所学校流动到其他学校短期或者长期工作；规定教师在同一所学校工作达到一定年限必须交流到其他学校。2006 年，《义务教育法》首次在法律文件中提出县级政府应组织教师流动❶，在随后诸多政策文件中逐渐被表达为建立、健全教师交流制度或机制，常态化的教师交流将成为政策制定者期待的最终目标。教师交流政策是促进教师资源均衡配置的核心政策，试图通过轮岗促进学校之间教师资源的均衡配置。教师交流政策已经提出多年，地方逐步落实但仍旧处于探索阶段，有学者提出莫让交流制度空转（袁桂林，2015）。这个政策为什么落实困难？本章将从政策设计、教师对政策的看法、地方实施情况，以及交流教师成就感几个角度分析政策的成败。

第一节 教师交流政策的顶层设计

一、交流政策的设计与现实困境

（一）顶层设计的历程和特点

2003 年，《国务院关于进一步加强农村教育工作的决定》提出："建立城

---

❶ 《义务教育法》规定："县级人民政府教育行政部门应当均衡配置本行政区域内学校师资力量，组织校长、教师的培训和流动，加强对薄弱学校的建设。"

镇中小学教师到乡村任教服务期制度。城镇中小学教师晋升高级教师职务，应有在乡村中小学任教一年以上的经历。适当提高乡村中小学中、高级教师职务岗位比例。地（市）、县教育行政部门要建立区域内城乡'校对校'教师定期交流制度。"2005 年，《教育部关于进一步推进义务教育均衡发展的若干意见》提出，县级教育行政部门要加强辖区内教师资源的统筹管理和合理配置，建立区域内骨干教师巡回授课、紧缺专业教师流动教学、城镇教师到农村学校任教服务期等项制度，解决农村学校教师不足及整体水平不高的问题。2006 年，《中华人民共和国义务教育法》第四章第 32 条规定："县级人民政府教育行政部门应当均衡配置本行政区域内学校师资力量，组织校长、教师的培训和流动，加强对薄弱学校的建设"，明确了教师交流的法理依据。2010 年，《教育部关于贯彻落实科学发展观　进一步推进义务教育均衡发展的意见》中再次强调健全城乡教师交流机制，推动校长和教师在城乡之间、校际之间的合理流动，鼓励优秀校长和骨干教师到农村学校和薄弱学校任职、任教。《国家中长期教育改革和发展规划纲要（2010～2020 年)》重申"实行县（区）域内教师、校长交流制度"。

2012 年，《国务院关于加强教师队伍建设的意见》（国发〔2012〕41 号）重申建立县（区）域内义务教育学校教师校长轮岗交流机制，促进教师资源合理配置。根据分类推进事业单位改革的总体部署，按照按需设岗、竞聘上岗、按岗聘用、合同管理的原则，完善以合同管理为基础的用人制度，实现教师职务（职称）评审与岗位聘用的有机结合，完善教师退出机制。

2014 年，《教育部　财政部　人力资源和社会保障部关于推进县（区）域内义务教育学校校长教师交流轮岗的意见》（教师〔2014〕4 号），是建立教师交流制度的第一个专门文件，对交流制度进行了较为全面的规定。

从以上政策文件中可以发现，目前的教师交流制度有以下特点：

第一，建立教师交流制度的目的是促进教育公平，是推进义务教育均衡发展的举措之一。工作目标是力争用 3～5 年时间实现县（区）域内校长教师交流轮岗的制度化、常态化。工作重点是引导优秀校长和骨干教师向农村学校、薄弱学校流动，发挥示范带动作用。有镇区和乡村学校的县（区），重点推动城镇学校向乡村学校交流轮岗；没有乡村学校的市辖区，重点推动优质学校向薄弱学校交流轮岗；乡镇范围内，重点推动中心学校向村小学、教学点交流轮岗。

第二，中央不统一规定交流轮岗方式。校长教师交流轮岗可采取定期交流、跨校竞聘、学区一体化管理、学校联盟、名校办分校、集团化办学、对口支援、乡镇中心学校教师走教等多种途径和方式。

第三，要求在编在岗教师全员参与流动，但交流年限不统一规定。教师交流轮岗的人员范围为义务教育阶段公办学校在编在岗教师。在同一所学校连续任教达到地方教育行政部门规定年限的专任教师均应交流轮岗。城镇学校、优质学校每学年教师交流轮岗的比例不低于符合交流条件教师总数的10%，其中骨干教师交流轮岗应不低于交流总数的20%。对于教师每次参加交流轮岗的具体年限由各地根据实际情况确定。

第四，激励和保障机制方面提出原则性要求，依靠地方资金落实。各地要在编制核定、岗位设置、职务（职称）晋升、聘用管理、业绩考核、培养培训、评优表彰等方面制定优惠政策，保障工作顺利开展。

第五，提出县管校聘的教师人事管理制度，用人权和管理权仍旧没有统一。县级教育行政部门会同有关部门制订本县（区）域内教师岗位结构比例标准、公开招聘和聘用管理办法、培养培训计划、业绩考核和工资待遇方案，规范人事档案管理和退休管理服务。学校依法与教师签订聘用合同，负责教师的使用和日常管理。在责任主体方面，组织部门、机构编制部门、财政部门、人力资源社会保障部门仍旧掌握着教师管理的核心权力，用人的教育部门主要负责校长教师交流轮岗实施办法，指导和协调交流轮岗工作。

作为顶层设计的国家文件没有对教师交流进行统一定义，给予了地方政府一定的自主权。文件规定所有符合条件的在编在岗教师都必须参与交流，"条件"、在一所学校最长任教年限、交流期限和方式等都由地方政府自己定。由于各地的集团化办学、名校办分校、学区改革等，文件所提到的教师交流方式或多或少都在进行。文件也没有对定期交流进行定义和强制规定，因此，教师交流轮岗方式仍旧可以采取外出半年或一年返回本校的方式。此外，合同制教师不参与交流，而合同制教师在目前教师队伍中已经占到一定比例，越是名校越有能力聘用合同制教师补充编制教师的不足。让合同制教师参与流动缺乏法理依据，有些地方的合同制教师属于劳务派遣的方式从劳务公司派到学校任教，学校仅与劳务公司签订聘任合同。不少区县在落实本文件时采取城镇学校之间、农村学校之间进行交流，城乡之间则仍旧采取支教的模式。教师交流制度有望让农村学校和薄弱学校享有更多优质资源，但是通过教师交流达成校际优质教师资源的均衡配置则比较困难。

（二）交流制度设计面临的问题

建立教师交流制度是地方政府需要履行的职责，有的地区已经尝试推行定期制度化的流动，有的地区仍旧实行行政计划性、指标性交流政策，不论哪种类型的交流政策或者制度，其建立都面临几个亟待解决的问题。

1. 教师交流制度的法律依据欠缺

《公务员法》对公务员交流和转任做出了规定，教师虽然薪资参照公务员但职业性质不属于公务员，《教师法》中没有关于交流和转岗的规定。我国的教师交流政策主要学习了日本、韩国的经验，这两个国家的教师身份属于公务员，教师交流制度也是立法规定的。我国有些地区学习两国经验，要求教师在一所学校工作若干年后必须换学校，即全员定期交流制度。那么，教育行政部门和学校是否有权力要求教师必须交流呢？教师是否有义务交流？教师交流制度全面推行是大势所趋，必须解决其法律依据问题。

2. 县级政府、学校和教师的权利与义务定位不清

按照《义务教育法》的规定，县级政府是教师交流的组织者，但组织者的权和责是什么，法律和政策却没有明确规定。而《教师法》规定"教师的聘任应当遵循双方地位平等的原则，由学校和教师签订聘任合同，明确规定双方的权利、义务和责任"。如果老学校不愿意出让、新学校不愿意接受、教师不愿意流动，从法律上讲县级政府不应行使行政权力强迫教师流动。在我国，公立义务教育教师的工资由政府发放，这决定了教师是政府的雇员。很多地方的教师招聘和管理工作模式通常是学校先上报用人需求，县级政府通过统一考试录用教师，教师与学校、教育局签订三方合同，教师工资的发

放基本不经过学校，学校通过绩效工资激励教师工作积极性。还有不少地方成立区县教师人才交流中心管理教师人事关系，避免学校在教师交流上设置障碍，也便于教育局在全县范围内统一调配教师资源。如果教育局、学校和教师各方均依法行事，教师聘任权限和人事关系管理不论是学校负责还是教育局负责，对教师交流制度没有实质影响。但长久以来，我们习惯于以行政管理手段来弥补法治的不成熟，而不是依靠法律本身限制违法行为。目前实施的政策性交流还处于教育局下达交流指标，学校决定派谁去的阶段，派出学校的校长拥有最终决定权，因此出现了个别校长趁机排除异己、转嫁不合格教师的现象。而流入学校和交流教师的话语权缺乏保障，也出现了被迫接收本校不需要的教师，教师被迫交流、消极怠工的不良现象。

3. 教师交流激励措施缺乏长期效应

为了鼓励教师积极参与流动，各地制定了不同程度的激励措施，物质激励一般包括交流期间的生活补贴、交通补贴、年终奖励、提供住宿条件或者给予住宿补贴等，精神激励为在职称职务晋升、评优评先等方面享有优先权；许多地方还强制性规定职称晋升必须有一年农村学校工作经验。不可否认这些措施在一定程度上改善了农村学校、薄弱学校的师资水平，但这些措施不能从根本上吸引教师流向弱势学校长期工作，只能激励或者强制优秀教师在弱势学校短期工作，对于流入学校的教学和管理也可能产生一些负面影响，例如，教学方面缺乏可持续性对学生发展不利、管理方面流入和流出学校都存在困难、外来短期教师享有更好待遇易导致本校教师的不公平感。激励措施和福利不应仅给予交流教师这个带有强烈临时性色彩的群体，更应当包括弱势地区和薄弱学校任教的全体教师。

4. 支教式教师交流正反作用并存

优质学校、城市学校派教师到弱势学校任教几个月或者一两年，这种支教式的教师流动在一定程度上能够给流入学校带来新思想新方法，有助于教学方法的改进，但不能从根本上解决流入学校教师队伍质量问题。支教式教师交流使流入学校师生从心理上被定位为"太差"，是需要帮助改进的人；同时也反映了学校之间的区隔，流入学校师生通过支教教师直接体验到校际差距和社会阶层的差距。在薄弱学校师生很难进入优质学校的背景下，支教作为一种单向流动对于社会公平来说其修补的意义大于改进，消除校际教师资源差距的作用有限。因此，校际教师资源均衡的前提是所有教师能够在校际间自由流动。

二、政策效果评价的理论基础

（一）非帕累托改进与利益补偿

实施教师交流政策就是要改革教师资源配置方式，在校际间进行教师资源重组，必然要损害一部分教师的利益。如果实施全体教师交流制度，还要面临大规模的教师家校距离增加等问题，所以教师交流政策性质上应属于非帕累托改进。非帕累托改进是相对于帕累托改进而言的。帕累托改进模式下的社会改革增进某一部分人的福利但不会造成其他人的利益受损，但是现实中大部分体制改革涉及利益再分配，因此，总会有一部分人的利益受损，如果没有人利益受损就没有人受益，这种情况称为非帕累托改进。

理解教师交流政策的非帕累托改进性质需要明确几个利益关系，第一，教师交流政策的终极目标是建立公平社会，因此理论上社会总收益大于损失；第二，当教师作为资源时，失去优秀教师的学生和学校成为利益受损一方，而另一批学生和学校成为获益方；第三，教师作为个体人时，如果教师认为利益损害程度超出可接受范围，往往会阻挠政策的实施，或者抵制或者消极对待，强制性交流还有可能造成部分教师流出教师队伍或者流出当地。发生这种情况时就不存在受益方，第一点的结果变为损失大于收益；第四，当教师作为社会人时，教师之间因学校等级差异带来群体内部的社会地位和声望差异，这种差异是教师职业发展的激励因素之一。教师交流政策拉平了教师的社会地位，会导致部分教师的抵制也会得到部分教师的支持。教师职业发展的激励机制必须更新，否则将损害公立学校的教育质量；第五，受损教师和受益教师的多寡取决于政策规定，政策合理可以减少利益受损教师数量。

为了推进非帕累托改进性质的改革，降低政策实施阻力，往往需要对利益受损方进行利益补偿。教师交流的目的是均衡学校间教师资源，进而降低校际间学生阶层的分化，利益受损的学校和学生不是补偿重点，利益补偿对象的主体是教师。很多地区在交流政策中设置了对教师的激励条款，例如，许诺提高职称或者职务、发放补贴、提供周转房等。按照补偿程度，补偿可以分为完全补偿和不完全补偿，完全补偿如卡尔多——希克斯补偿保障利益受损人最终利益不受损，不完全补偿只对教师的部分利益进行补偿（严若森，2006）。由于现实存在城乡、名校和薄弱校、骨干和普通等教师利益群体差异，如果实施完全补偿，同一县域内流动教师的补偿标准将产生较大差异，从而造成新的不公平，并且补偿负担沉重，改变不了利益分配格局，易于导致改革失败，仅可以作为改革初期的过渡措施。不完全补偿才是改革的主要方向，为保障补偿有效需要对多种利益补偿形式进行成效评价，选择最优措施。

（二）成就需要理论

"成就感是个体完成某项学习或活动后产生的一种自我满足的积极的情绪体验……"（朱智贤，1989）。成就需要理论、需要层次理论均认为人有一种追求成功的需求，希望把事情做到最好，当达到目标后会产生自我实现的满足感，即成就感。成就感水平影响个体的工作态度和质量，低成就感的个体自我评价降低，往往处于职业倦怠状态；而高成就感的人自信心更强，面对困难时更坚韧，工作策略以及行为的积极性和创新性更强。

成就感是个体的内心体验，与人的地位无关（邓睿，2011），无论新入职教师还是特级教师都可以有成就感的产生，只要符合自己的成就标准就会产生积极的情绪体验，评价标准有个性差异也存在共性，某些因素具有普遍的影响作用。内在影响因素有个性、观念、年龄、职称等方面（王玉，2011）。外在影响因素在管理研究领域涉及较多，对企业员工的研究发现，给予员工独立空间、公正待遇、支持性环境、提供培训和发展机会、分享决策等能够提高员工成就感（李燕，2004；李书文，2004）。克莱默（Kramer）对高校教师的研究也认为激励机制和提意见的机制能够提高成就感，建议让教师参与提供管理意见（Kramer，1987）。阿瑟（Ussher）的研究证明对新教师进行系统培训能够增强其成就感（Ussher，2010）。王玉对高校教师的成就感外在激励因素研究发现，以他人的肯定为代表的社会支持、对工作内容的自主权和收入显著影响教师的成就感（孙文慧等，2005）。邓睿对中学教师的研究结果显示，社会期待和认可、收入、人际关系、学校工作环境等因素与教师成就感显著相关（Priester，et al.，2004）。

对于教师来说，变换工作环境、执行交流政策是一个特殊事件，因此交流任务带来的成就感具有一定的特殊性，反映了教师对自己执行交流任务的满意程度，也会影响教师对自己参与政策性流动这一事件的价值判断。分析哪些因素能显著预测交流教师的成就感，发现提高教师成就感的有效利益补偿形式，对于全面评价现行政策的合理性，提高政策成效具有现实意义。

三、文献分析与调查研究设计

（一）以往研究存在的不足

目前教师交流政策的最终制定权、解释权和实施权在县级政府，各地教师交流政策的细则对于交流比例、交流期限、交流待遇、考核评价、人事关系等方面的规定各有特色。从交流范围来看有全区县大交流也有少部分优质和薄弱学校之间的交流，从教师参与比例来看有定期交流制度下的全员参与也有仅限于少部分优秀教师的支教；从政策刚性程度来看有强制性交流也有激励补偿性交流；从人事关系来看有"人走关系走"的永久性交流也有"人走关系留"的短期交流。总体来说，教师交流形式从少数教师的支教发展到全员制度化交流是政策制定者所期望的。

教师交流政策研究领域从论证教师交流的必要性转变到从制度阻力、实施模式、利益博弈、社会影响等方面分析交流政策实施过程中的问题和经验，研究出发点多着眼于如何让交流政策更快更大范围推进，从交流教师视角出发的少量文献主要局限于福利和权益保障问题。教师作为政策执行者，其对政策的态度、交流教师的工作生活状况是交流政策实施能否成功的决定性因素。本部分内容从教师视角探究教师的公平观、对政策的支持程度以及顾虑方面分析教师交流政策制定的群众基础，对交流教师的工作生活状况进行调查，了解地方落实中央政策的实际情况。最后，基于教师是有自我实现需要的群体，从他们在执行流动任务中的成就感很少受到关注的角度考虑，分析影响交流教师成就感的因素。教师交流起来不等于政策成功，如果教师交流期间缺乏成就感的支持，不仅自我评价降低并将丧失热情，消极应付工作。建议保障交流教师福利的研究既未证明哪些福利和权益是教师迫切需要的，也未证明该策略是否能够显著提高教师积极性（左晓梅，2011；曹兆文，2012）。提高福利待遇就可以提高教师交流积极性作为不证自明的真理指导着各地教师交流政策的制定，但是所有福利形式都有效吗？对所有人都有效吗？在财力有限的情况下，哪些做法更能激励教师交流？回答这些问题对于政策改进具有重要意义。

（二）研究问题与内容

"教师流动"和"教师交流"在教师资源均衡配置的政策文本和研究文献中一直混用，"教师交流"表达了双向流动的意思，仅限于为推进义务教育均衡发展而建立的教师交流制度或者教师交流政策，而表示政策落实推动教师在学校之间换岗时仍旧用"流动"表达动态。"教师流动"范畴广泛，既包括了以均衡为目的的教师交流制度下政策性单向或者双向的教师流动状态，也包括了非政策性的教师调动。教师流动概念还可以覆盖这样一种情况，即为了维护农村教师队伍稳定，有些地方规定农村教师进城必须在农村任教到一定年限。

本章以教师资源均衡配置政策的效果为分析目标，与其他类型的流动经历进行比较，客观分析政策性教师交流效果。教师交流政策吸取了日本、韩国的经验，是一项自上而下的改革，政策制定过程中教师群体缺乏表达声音的渠道，而改革的成败往往取决于改革的群众基础，群众从理念上是否支持改革、参与改革的际遇和经历、参与改革后精神上的获得感和体验都是改革的决定性因素。

因此，本章从交流政策涉及的最核心的利益相关者——教师视角出发，研究以下问题：第一，分析教师对教师交流政策的看法，以及教师的教师资源配置公平观，这反映了教师交流政策是在什么样的群众基础上实行的；第二，跳出政策文本分析，了解地方执行中央政策的实际情况，参与政策性交流教师的是哪些人、交流教师的真实工作、生活状况如何，评价政策是否落实，利益补偿机制的建立情况；第三，以交流教师的成就感作为教师评价政策效果的指标，分析影响其成就感的因素，判断哪些因素是有效的补偿措施，能够真正驱动教师支持改革。

（三）调查样本分布情况

2011 年，本研究以人口规模、经济发展水平为抽样分层变量，按规模比例概率抽取了我国 24 个省（自治区、直辖市）168 个区县参与问卷调查。参加调查的小学、初中及一贯制学校共计 11867 所，涵盖了样本区县所有完全小学和初中学校。在岗编制教师共计 90115 名，其中东中西部教师的比例分别为 42.22%、33.61% 和 24.17%；城乡❶教师比例分别为 28.09% 和 71.91%。为了了解不同经历的教师的看法，样本不仅包括政策性交流教师，还包括了非政策性流动的教师，以及没有交流经历的教师。

其中有交流经历的 11255 名教师的具体情况是，曾参与交流又返回本校的教师比例为 57.45%，因执行交流政策调入人事关系的教师比例为 17.40%，处于交流期但未调动人事关系的教师占 25.15%。删除无效问卷，参与调查的教师背景信息详情参见表 3.1。

表 3.1　有交流经历的教师样本情况

变量	类别	人数	百分比（%）
性别	男	4271	38.26
	女	6892	61.74
年龄	30 岁以下	2579	23.10
	31～40 岁	5560	49.81
	41～50 岁	2590	23.20
	51～60 岁	432	3.87
	缺失	2	0.02

❶　由于考虑县域内教师交流，县城划为城区，农村包括不含县城的镇。

变量	类别	人数	百分比（%）
婚姻状况	已婚	9900	88.69
	未婚	1136	10.18
	其他	127	1.14
家庭所在地	市区	4134	37.03
	县城	3668	32.86
	乡镇	1865	16.71
	村	1496	13.40
学历	高中、中专及以下	420	3.76
	大专	3380	0.28
	本科	7255	64.99
	研究生	108	0.97
职称	未评职称	382	3.42
	初级职称	3968	35.55
	中级职称	5461	48.92
	高级职称	1352	12.11
教龄	10 年以下	3154	28.25
	11~20 年	5338	47.82
	21~30 年	2272	20.35
	30 年以上	398	3.57
	缺失	1	0.01
派出时是否是骨干教师	普通教师	6533	58.52
	校级骨干教师	2117	18.96
	区县级及以上骨干教师	2513	22.51

（四）调查工具与分析方法

教师调查问卷分为五类：没有交流经历的本校教师、曾经交流过但已经返回本校任教的教师、因政策性交流人事关系调入本校的教师、因政策临时交流来的教师、因个人意愿调入本校的教师。几份问卷共同的题目包括：教师和学校的基本背景信息、对教师交流政策的看法、对教师资源公平配置的看法、对教师交流制度的顾虑，以及对本校交流人员的情况介绍和交流政策的评价。政策性交流教师还需要回答，本人交流期间的工作和生活情况、对交流效果和成就感的评价。

交流教师成就感的测量参考了 MBI 量表。MBI 量表是职业倦怠测量的常规量表，其中包含了成就感维度，所以也常被用来测量成就感。但职业倦怠量表对成就感的测量是依据长期日常工作的感受，不适用于交流情境，本研究参考 MBI 量表的策略编制了交流教师成就感量表。自编量表也为 6 个题目，要求教师从教学工作、专业发展、同事关系、师生关系等方面评价个人交流经历，例如，是否提高了工作积极性、提高了教学水平、与新同事成为朋友、与学生建立感情、个人声望得到提升、获得了成就感等。量表信度优秀，克伦巴赫系数 $\alpha = 0.890$；使用主成分因子分析提取特征根大于 1 的方法计算交流教师在成就感上的得分，KMO 为 0.858，达到优秀水平说明成就感适合因子分析，仅提取出一个特征根且方差累积率达到 64.870%，所有题目的因子负荷在 0.715~0.872 之间。教师成就感分数最小值为 –3.556，最大值为 2.117，数值越大表示教师的成就感水平越高，交流经历给其带来的正向影响越强。

对交流教师成就感相关因素的测量，则根据以往对成就感内在和外在影响因素的研究成果，将交流教师成就感的潜在影响因素分为五个组，一是交流教师人口学特征，如性别、年龄、学历、职称、骨干级别、婚姻状况、家庭所在地等，本研究以政策改进为目的，因此将教师个体特征作为控制变量进行处理；二是教师对交流政策的认识和态度；三是教师交流期间的交通、住宿、收入等生活方面的情况；四是教师在流入学校的工作参与程度、工作类型、职称提升、培训机会、人事关系变动情况和流入学校的办学条件等工作方面的情况；五为区县城镇化率，作为教师交流政策制定的背景变量。

针对第一个和第二个研究问题，主要采取简单统计方法报告教师观念和政策执行的实际状况。对于第三个研究问题"交流教师成就感"的分析，先采用因子分析法计算成就感因子分数，然后将影响因素的调查数据分为教师个体水平和区县水平两个层级，采用多水平模型以适应数据的层级结构，首先检验数据层级特征是否显著，然后分组检验变量的显著性，显著变量参与分步模型的建立，根据影响因素的分类逐步建立交流教师政策观念模型、交流期间生活状况模型、工作状况模型，以及包含区县城镇化率的最终模型。

统计软件使用 SPSS17.0 和 Mlwin2.16。

第二节 一线教师的意愿与公平观

一、对尊重教师个体意愿的期盼

教师交流意愿主要指教师是否愿意参与交流、更愿意接受哪种类型的交流方式，调查选项包括政策要求下的强制性交流、出于教师自愿申请的交流、满足教师个人附加条件的交流、不愿意任何形式的交流以及无所谓等 5 种方式，这 5 种方式在一定程度上也反映了教师对交流自主权期望的高低。

调查结果显示，27.90% 的教师愿意参与政策要求下的强制性交流，52.01% 的教师希望交流是自愿申请的，6.71% 的教师希望满足个人附加条件的交流，11% 的教师对是否交流以及采取何种形式的交流无所谓。只有2.04% 的教师不愿意以任何形式交流到别的学校任教。

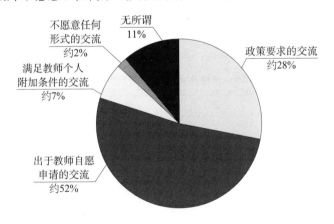

图 3.1 教师交流意愿

（一）交流自主权要求的群体差异

年轻教师更希望自主选择。调查结果显示，教师年龄越大对政策的服从性越强，越年轻自主性要求越高。50 岁以上的教师对"出于自愿申请的交流"的选择比例为 42.32%，比 30 岁以下教师低约 13 个百分点，而选择

"政策要求的强制交流"的比例高出 30 岁以下教师约 9 个百分点。虽然人们一般认为年龄大的教师不愿意更换岗位，但调查发现，50 岁以上的教师不愿意参与任何形式交流的比例仅为 2.75%。

表 3.2 各年龄段的教师交流意愿（%）

	30 岁以下	31～40 岁	41～50 岁	51～60 岁
政策要求的交流	24.87	26.32	30.94	33.75
出于教师自愿申请的交流	55.51	54.76	48.37	42.32
满足教师个人附加条件的交流	7.25	6.60	6.63	6.03
不愿意任何形式的交流	1.37	2.10	2.30	2.75
无所谓	11.00	10.22	11.76	15.15
总计	100	100	100	100

女教师希望拥有更大的自主权，自己决定是否参与交流。女教师接受"政策要求的交流"的比例为 25.40%，比男教师低约 5 个百分点；而选择"出于自愿申请"的比例高出男性教师近 9 个百分点。在传统的家庭分工上，女性在照顾家人和做家务等方面承担的责任较多，而且由于传统观念的影响，女性对事业发展的追求低于男性，因此，女性教师希望有更大的自主权来决定自己是否参与交流。

表 3.3 分性别的教师交流意愿（%）

	男	女
政策要求的交流	30.96	25.40
出于教师自愿申请的交流	47.23	55.92
满足教师个人附加条件的交流	7.05	6.44
不愿意任何形式的交流	1.88	2.17
无所谓	12.89	10.07
总计	100	100

教师学历越高对交流自主权要求越高。研究生学历选择"出于教师自愿申请的交流"的比例高出中等学历教师约 17 个百分点，选择"无所谓"的比例比中等学历教师低 8 个百分点；研究生学历的教师对"满足个人附加条件的交流"的选择比例也略高于其他学历的教师，但"不愿参与任何形式交

流"的比例最低。这说明学历高的教师心态更开放，同时自主意识也更强，对自己未来的发展更负责任。

表3.4 不同学历教师的交流意愿（%）

	中等教育	大专	本科	研究生
政策要求的交流	33.71	29.79	25.47	23.54
出于教师自愿申请的交流	40.78	48.48	56.64	57.95
满足教师个人附加条件的交流	6.21	6.74	6.75	9.42
不愿意任何形式的交流	2.55	2.24	1.81	0.97
无所谓	16.76	12.75	9.33	8.12
总计	100	100	100	100

各类型教师中都有一小部分教师不愿意参与任何形式的交流，包括曾经离开本校外出交流的、以及处于交流期的教师，该比例超过了2%。这部分教师在交流过程中可能出现过不愉快现象，不认同曾经的交流经历。按个人意愿从外校调入的教师对政策性交流支持度较低，这个群体经过努力调换到自己期望的学校，而交流政策有可能导致其努力白费。

表3.5 不同交流经历的教师的交流意愿（%）

	本校教师，从未流动过	本校教师，曾外出交流	本校教师，按个人意愿从外校调入	本校教师，执行教师交流政策调入	外校交流教师
政策要求的交流	28.12	29.67	23.39	32.18	26.20
出于教师自愿申请的交流	50.10	52.65	61.76	50.50	57.36
满足教师个人附加条件的交流	6.82	6.40	6.10	7.18	6.70
不愿意任何形式的交流	2.14	2.18	1.63	1.40	2.07
无所谓	12.81	9.10	7.12	8.74	7.66
总计	100	100	100	100	100

（二）优质学校教师的自主权意识

教师交流政策的目的是均衡优质学校和薄弱学校的教师资源配置，促进优质学校教师到薄弱学校工作，优质学校教师如何看待这一政策呢？将学校教学质量分为优良中差四个组分析发现，学校在本区县的教学质量水平越高，教师选择"出于教师自愿申请的交流"的比例越高。教学质量最高的学校，教师选择"出于教师自愿申请的交流"的比例达到 57.66%，比教学质量最低的学校高了 10.32 个百分点。教学质量高的学校的教师相对于普通学校教师，其工作环境更好，发展机会更多，而实施教师交流政策必然冲击这部分教师的个人利益。调动优质学校教师的积极性，使其交流到普通学校也能够认真工作，这才是教师交流政策成功的关键。

表 3.6　不同教学质量学校任教教师的交流意愿（%）

	差	中	良	优
政策要求的交流	30.70	29.48	26.87	25.06
出于教师自愿申请的交流	47.34	49.74	53.06	57.66
满足教师个人附加条件的交流	7.20	6.54	7.08	6.14
不愿意任何形式的交流	2.06	1.89	2.12	2.18
无所谓	12.71	12.36	10.86	8.96

（三）城镇化对教师自主意识的影响

农业人口占当地人口比例是衡量一个地区城镇化程度的重要指标，农业人口所占比例越低地区城镇化程度越高。而地区城镇化程度直接决定了学校所在社区的生活环境和条件，它对教师交流意愿是否会产生影响值得探讨。按照农业人口所占比例排序，将样本区县三分为城镇化程度高、中、低 3 组，分析发现城镇化程度最高的三分之一区县的教师选择"出于教师自愿申请的交流"的比例达到 60.46%，高出低城镇化组 13.82 个百分点；而在"政策

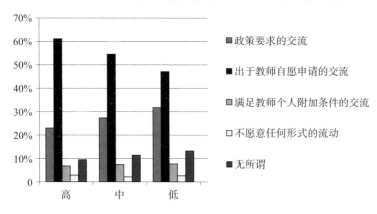

图 3.2　城镇化程度与教师交流意愿

要求的交流"的选择上，高城镇化组选择比例为 22.37%，比低城镇化组低 8.86 个百分点。在其他三类交流意愿的选择上，城镇化程度高、中、低组之间差异不大，相互之间的差异均在 4 个百分点以内。所以说，教师交流意愿的差异与学校所在地的城镇化程度有更大关系。

在"出于教师自愿申请的交流"的选择上，城区教师高达 60.56%，比农村教师高出 14.25 个百分点；与此相反，在"政策要求的交流"上，农村教师比城市教师高 7.74 个百分点。相对来说，农村教师群体更支持教师交流政策。交流政策不仅是学生利益的再分配也是教师利益的再分配，利益分配格局中农村教师处于弱势地位，所以更期望政策能够给予其改变地位的机会。此外，不论学校处于何种位置，教师都倾向于"出于教师自愿申请的交流"，即使是话语权较弱的农村教师，其中也有 46.31% 的人希望换岗流动时能够遵从其意愿。

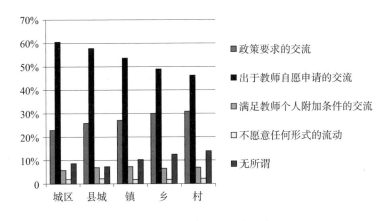

图 3.3　城乡学校教师交流意愿的差异

二、对家庭和职业发展的重重顾虑

家庭是所有教师交流时首要考虑的因素，但是不同群体教师对交流的顾虑在其他方面也有所差异。

（一）对无法顾及家庭的强烈担忧

如果要求教师交流，52.98% 的教师最担心学校离家远，48.41% 的教师担心无法照顾家人，24.65%的教师担心两地分居，24.66%的教师担心去新环境不适应。而选择担心收入降低的比例仅为12.44%。不论学校教学质量如何、办学条件如何，均有50%左右的教师选择担心"新学校离家远"、"无法照顾家人"。

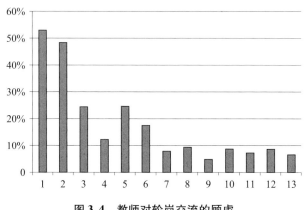

图3.4 教师对轮岗交流的顾虑

注：1 为担心新学校离家远，2 为无法照顾家人，3 为担心两地分居，4 为担心收入待遇等降低，5 为担心去新环境不适应，6 为担心在新环境事业发展要从头开始，7 为担心影响晋升，8 为担心去了新学校再回不来，9 为担心新学校教学水平低，10 为担心新学校办学条件差，11 为担心新学校校风不好，12 为担心新学校社会环境不好，13 为其他。

已婚教师首要顾虑的是担心无法照顾家人。将教师婚姻状况分为已婚、未婚和其他3类。50.16%的已婚教师担心无法照顾家人，分别高出未婚教师和其他婚姻状况教师15.3个百分点和4.95个百分点；已婚教师担心收入待遇降低的比例为11.85%，分别比未婚教师和其他婚姻状况教师低5.4个百分点和4.89个百分点。已婚教师的顾虑与其家庭责任较重有关，派遣教师时应当考虑教师实际的家庭困难。

（二）环境适应与职业发展的顾虑

教师学历越高越担心去新环境后事业发展要重新开始，研究生学历的教师选择此项的比例为25.49%，分别高出中等学历、大专学历和本科学历教师12.87个、9.69个和5.56个百分点。研究生学历的教师中担心去新环境不适应的比例最低，为18.34%，比中等学历教师以及本、专科教师低8到6个百分点。由于基本素养高，高学历教师对适应新学校工作比较自信，但这个群体的自我期望也比较高，担心交流切断其事业发展的连续性。目前的教师交流政策大多未统筹考虑这个问题。

三、对交流政策的态度和看法

大部分教师认为建立教师交流机制是促进校际均衡发展的根本措施，应当建立全员交流机制。在具体实施上，教师们不希望人事关系发生变动，普遍倾向于短期交流。

（一）对交流政策意义的认可

分别有76.94%和78.06%的教师认为县（区）域内学校之间教师交流和校长交流是促进学校间均衡发展的根本措施；多数教师支持建立全体教师交流和校长交流制度，但也有20%多的教师明确反对全体教师交流和校长交流。大部分教师认为教师交流时，其人事关系应留在原来的学校，26%左右的教师反对人事关系留在原来的学校。

表3.7　教师对教师交流政策的看法（%）

	完全不同意	不同意	同意	完全同意
县（区）域内学校之间教师交流是促进学校间均衡发展的根本措施	4.51	18.55	62.05	14.89
县（区）域内学校之间校长交流是促进学校间均衡发展的根本措施	3.45	18.49	62.24	15.82
应当建立全体教师交流制度	4.18	21.40	58.30	16.11
应当建立全体校长交流制度	2.89	17.81	62.14	17.16

（二）保留人事关系的情结

对于教师交流时其人事关系是否应该留在原学校，不同交流经历教师的看法存在差异。曾经外出交流的教师以及正处于交流期的教师认为人事关系应该留在原来学校的比例分别为83.02%和76.72%，而有过人事关系调动经历的教师，如自主调动的教师和执行教师交流政策调动的教师中持反对意见的比例较高，分别为38.22%和31.13%，但仍旧是不希望人事关系变动的占主流。

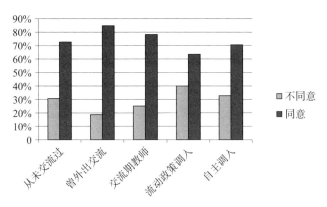

图 3.5　不同交流经历教师对人事关系留原校的看法

69.28%的农村教师认为交流时人事关系应留在原校，67.18%的薄弱学校教师支持人事关系留在本校，虽然这两个结果分别比城市学校和优质学校低8个百分点和10.88个百分点，但主体上也是希望保留人事关系不动。人事关系不动则教师有希望交流期结束后回到原来学校。各个群体的教师主体上都希望人事关系不动，说明教师一般不希望工作单位变动，这符合多数人追求环境稳定的心理需求。

在人事关系不变的情况下，大部分教师接受1～3年的外出交流期限，原学校教学质量越高，教师接受的外出交流期限越短。原因有多种，教师可能担心回不去原学校，也可能担心在外时间太长丧失发展机会，也可能不愿意在环境较差的学校待的时间过长，等等。

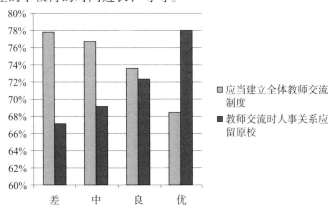

图 3.6　不同教学质量学校教师对教师交流政策的看法

（三）对政策实施阻力的看法

分别有 58.8% 和 45.53% 的教师认为校际之间办学条件差距、教师发展机会的差距是阻碍本地教师交流政策贯彻落实的重要因素。此外，还分别有 28.59%、25.14% 和 23.39% 的教师认为校际间校长管理水平的差距、学校所在社区环境的差异和生源学习能力的差异是影响教师交流政策落实的关键因素。认为校际之间教师收入差距是关键因素的教师比例不到 20%。这说明教师更看重学校的办学条件和发展机会等因素。

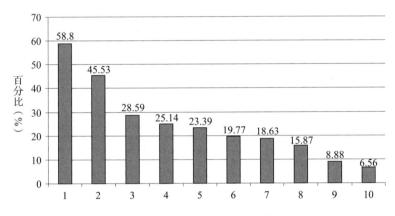

图 3.7　从教师视角看影响教师交流政策落实的原因

注：1 为校际之间办学条件差距，2 为校际之间教师发展机会的差距，3 为校际间校长管理水平的差距，4 为学校所在社区环境的差异，5 为校际之间生源的学习能力差异，6 为校际之间教师工资差距，7 为校际之间教师工资以外收入的差距，8 为校际之间生源的社会资源差异，9 为优质学校师资将被削弱，10 为其他。

（四）资源配置公平理念的分化

认知在一定程度上会影响人的行为，教师对教师资源公平配置的认识程度也有可能影响到他的交流意愿或者对交流政策的支持程度。询问城乡教师，对于紧缺专业的教师应该优先配置给城市学校还是农村学校，优质学校还是薄弱学校。从总体上看，教师群体是认可和支持教师资源配置公平理念的，但城乡教师间的认识差异较大。91.32% 的农村学校教师认为紧缺专业教师应当优先配置农村学校，高出城市学校教师近 40 个百分点。农村教师支持紧缺专业教师优先配置薄弱学校的比例为90.9%，高出城市学校教师17个百分点。农村教师处于弱势环境对教育不公平的感受更深刻，强烈期望教师资源配置向弱势学校倾斜，而部分城市学校教师在某种程度上是教育发展不均衡的受益者，例如享受良好的城市生活条件和较高的集体教学水平，很少需要跨学科教课等，将紧缺专业教师优先配置给城市学校和优质学校将有助于维持这种不公平和既得利益。城市教师对薄弱学校的选择高于对农村学校的选择，说明城乡差异的影响在教师决策中起到更大作用。

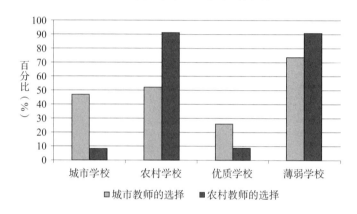

图3.8　城乡教师对紧缺专业教师配置优先权的选择

从调查结果可以发现，不同群体的教师对教师交流制度的支持程度是不同的，诉求也不完全相同，农村教师、薄弱学校教师更支持教师交流制度，自身处境相对越好，教师对全体交流制度支持程度越低。因此，教师交流制度不但提高了学生享有资源的公平程度，而且也有助于提高教师享有资源的公平程度。

第三节　教师交流政策的实施状况

一、交流制度的执行情况

（一）交流教师的选择标准

交流教师以中青年、中初级职称、本科学历教师为主。研究要求被调查学校所有参与过教师交流和正在交流的教师回答问卷，结果显示交流教师以年富力强的教师为主，年龄在 30 岁以下、31～40 岁、41～50 岁、50 岁以上的教师分别占交流教师总数的23.21%、49.72%、23.15%、3.90%；学历为中等、大专、本科和研究生的教师分别占交流教师总数的3.74%、30.28%、64.98%、1.00%；未评职称、初级职称、中级职称、高级职称的教师分别占交流教师总数的3.50%、35.47%、48.86%、12.17%。

中央政策要求重点派遣骨干教师和优秀教师，各地区是否做到了呢？在有派出交流教师的样本学校中，有44.59%的参与调查的教师认为本校派出去的教师是教学能力强的教师，另有30.54%的教师认为被派出的教师是应其个人要求调走的。只有9.61%的教师认为本校流出教师的选择是根据流入学校的需求选定。11.43%的教师认为本校派出的教师不能胜任本校教学、属于超编教师或者人际关系不良教师。5.89%的教师表示本校出去交流的教师是准备晋升的教师。参与调查的交流教师绝大部分（95.27%）在原校承担教学任务；城乡学校派出教师的选择标准差异不大，各类选择比例相差不超过5个百分点。访谈中发现，某薄弱学校大喊吃亏，因为本校期望通过交流获得师资力量的提升，把最好的物理老师派到优质学校交流以期学习经验，而优质学校交流来的则是在原学校教不了课的教师。现在该薄弱学校担心自己的教师回不来，造成双重损失。

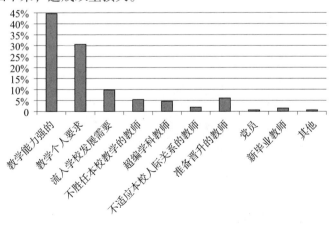

图 3.9　学校派出交流教师的选择标准

从教学质量看，学校教学质量越好派出教师中教学能力强的比例越高，应教师个人要求的比例越低，最好与最差学校在此两项上的教师选择比例分别相差 11.37 个和 6.43 个百分点。教学质量最低的学校派出不胜任本校教学的教师、派出超编学科教师或者人际关系不良教师的比例最高，总计达到 15.08%，比最好学校高出 7.26 个百分点。

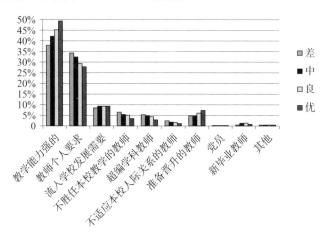

图 3.10　学校派出交流教师的选择标准

（二）交流期限与人事关系

教师交流期限为 1 年的最多，占比为 56.44%，2 年交流期限的占 12.42%；有 13.51% 的教师人事关系转到流入学校。目前，浙江省的教师交流制度强制性规定人事关系随着交流教师走。多数省份和地方实行柔性流动。

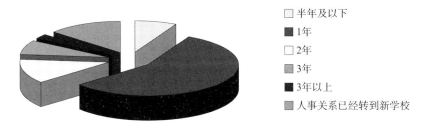

图 3.11　教师交流期限

（三）教师参与交流的自主权

总体上看，59.58% 的交流教师参与交流时是出于自愿，28.12% 的教师由学校做思想工作后参与交流，12.30%的教师完全被迫参与交流，不参与交流会受到惩罚。交流教师参与交流的自主权在东中西部地区之间差异微小，相互之间的差异均不超过3个百分点，完全自愿的教师在中部地区略低，西部地区被迫参与交流的教师比例稍高。

城镇化水平越高，交流教师完全自愿参与交流的比例越高。城镇化水平最高的地区，其交流教师完全自愿的比例达到65.13%，分别高于中、低组区县4.18个和12.29个百分点；而被迫参与交流的教师比例仅为9.01%，与城镇化中等水平的区县相近，高出低水平区县10.24个百分点。这个现象可能由两方面原因造成，一是城镇化程度较高的地区工作方式更民主一些，教师思想更开放一些；二是这些地区交通、生活条件总体较好，教师交流面临的困难小一些。

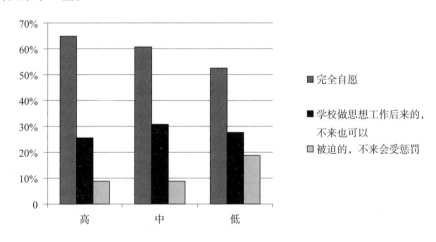

图3.12　不同城镇化水平区县教师交流自主权的差异

在参与交流的教师中，年龄越大完全自愿参与交流的比例越低，而被迫参与交流的比例越高。50岁以上的教师完全自愿交流的比例为51.00%，比30岁以下教师低12.30个百分点；而被迫交流的比例达到19.40%，高出30岁以下教师9.25个百分点。50岁以上教师可能临近退休，不愿意去新环境。深入分析交流教师构成可以发现，50岁以上教师中普通教师参与交流的比例高于30～50岁组的教师，这部分教师可能因为知识老化而被学校借交流之名优化出去。

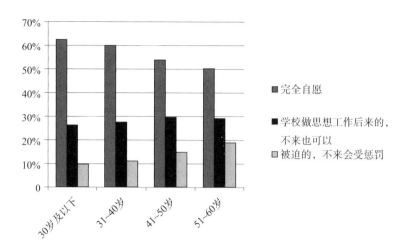

图 3.13　分年龄的教师交流自主性

交流期限越长，教师被迫参与交流的比例越高。交流期限在 3 年以上的教师中被迫参与交流的比例为 19.38%，高出交流期限半年及以下的教师 12.08 个百分点。交流期限过长引发教师能否返回原来学校的忧虑，因执行交流政策将人事关系调入新学校的教师中，20.51% 的人是被迫参与交流的。长期离开本校或者调动了人事关系将迫使教师调整事业发展计划，所以在现阶段教师政策性交流尚未形成常态的背景下，大部分教师还是愿意留在本校工作。

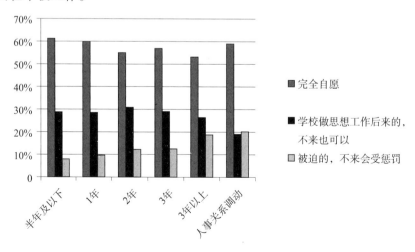

图 3.14　教师交流期限与教师交流自主权

二、交流教师的工作生活状况

（一）交流期间的工作情况

68.43%的交流教师在流入学校教授专业对口的课程，18.35%的教师教多门课程，不到3%的教师能够参与学生或学校管理活动，1.61%的教师能够指导流入学校的其他教师。

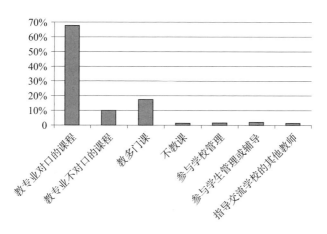

图3.15　交流教师在流入学校的工作

大部分（84.11%）交流教师未因交流发生职称职务变化。另有13.04%的教师报告获得提升（见图3.16）。47.70%的教师报告培训机会没有变化，27.67%的教师表示培训机会比在原来的学校减少（见图3.17）。

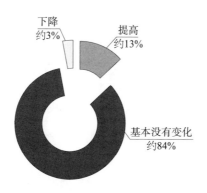

图3.16　交流教师因交流带来的职务和职称的变化

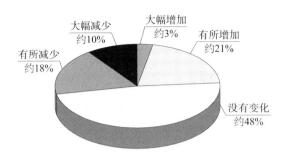

图 3.17　交流教师在流入学校的培训机会

交流教师工作中遇到的困难反映出其获得的支持不足。31.52%的交流教师报告工作上没有遇到什么困难，20%以上的教师反映工作中遇到新学校硬件设施落后、缺乏良好的办公条件、学生学习能力不高、新学校可供利用的教育资源较少、新学校整体教学质量水平不高、教学任务繁重等问题。值得注意的是，有小部分教师反映缺乏教学机会、缺乏流入校教师指导、胜任流入学校教学要求存在困难。因此，地方政府不能仅满足于教师岗位的流动，还应有更细致的措施帮助交流教师能够投入工作，从而提高交流效率。

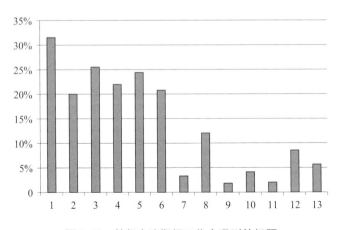

图 3.18　教师交流期间工作中遇到的问题

注：1 为没有问题，2 为新学校整体教学质量水平不高，3 为新学校硬件设施落后，缺乏良好的办公条件，4 为新学校可供利用的教育资源较少，5 为学生学习能力不高，6 为教学任务繁重，7 为对所在学校的教材不熟悉，8 为对学生的接受能力不熟悉，9 为缺乏教学机会，10 为缺乏流入校教师指导，11 为胜任本校教学要求存在困难，12 为缺乏信息化教学技能，13 为其他。

（二）交流期间的生活状况

将教师从家到学校所用的时间划分为 30 分钟以内、30 分钟～60 分钟、60 分钟～90 分钟、90 分钟及以上 4 个等级。所选取的交流教师样本中，从家到原学校所需时间在 30 分钟以内的教师比例为 61.81%，而交流后这一比例下降了 33.13%。交流后教师上班所需时间普遍增加，45.88% 的教师增加的时间在 30 分钟以上。

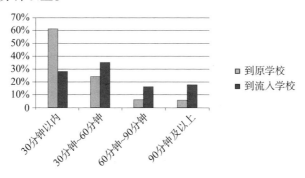

图 3.19　交流前后教师上班所需时间的变化

关于交流期间教师的住宿问题，由流入学校解决（提供宿舍或租金）的比例为 34.06%，由原学校解决的比例为 1.72%，自己解决的比例为 11.43%，其中 52.79% 的教师因无法解决住宿问题而不得不回家住。18.52% 的教师报告住宿困难。大部分家离流入学校 1 小时路程的交流教师回家住。路程在 60 分钟～90 分钟以及 90 分钟以上的教师，分别有 49.47% 和 72.01% 的人住宿舍，住宿由流入或者流出学校帮助解决，提供住房或者提供租金。

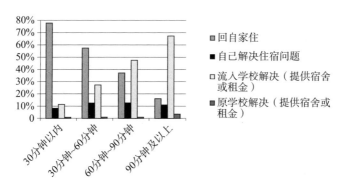

图 3.20　交流教师从家到流入学校所需时间与住宿情况

分地区看，东部地区人口密集且交通发达，回家住的教师比例最高（62.3%），西部地区地广人稀交通不便，教师由学校解决住宿的比例最高（49.61%），中部地区处于中间水平（回家住占比 47.32%，学校解决占比 38.25%）。

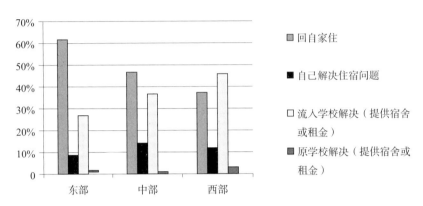

图 3.21　不同地区交流教师的住宿情况

部分交流教师收入下降，负担增大。75.10%的交流教师收入基本没有变化，13.43%的教师收入下降，有 15.10%的交流教师反映经济负担加重。交流期间津补贴的发放在教师之间有较大差别，40.71%的交流教师没有津补贴，增加的生活费用全部自理，20.76%的教师没有津补贴，生活费用也没有增加；19.93%的教师获得的津补贴不足以支付基本的交通食宿等费用，15.92%的教师津补贴刚好支付交通食宿等费用，津补贴富裕的教师仅占 2.67%。

分地区看，有津补贴的教师比例在中部地区最低，为 33.37%，分别比东部和西部低 6.62 个和 8.81 个百分点。东部地区没有津补贴、增加的生活费用自理的比例最低，中部最高，二者相差 10 个百分点。从交流教师的收入和津补贴看，中部地区的投入比较薄弱。中部省份塌陷体现在各个方面。

综合来看，七成交流教师反映交流期间的生活存在各种困难。排在前几位的分别是上班要花更多时间（39.17%），无法照顾家人（28.96%），流入学校生活条件差（18.76%）和住宿困难（18.52%）等。

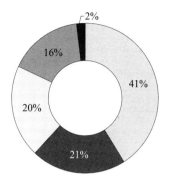

图例：
□ 无津补贴，增加的生活费用全部自理
■ 无津补贴也没有增加费用
□ 津补贴不足以支付基本的交通食宿等费用
▨ 津补贴刚好支付交通食宿等费用
■ 津补贴富裕

图 3.22　交流教师津补贴发放情况

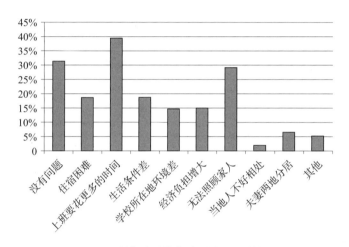

图 3.23　教师交流期间生活上遇到的问题

三、对教师交流效果的评价

（一）总体正面的外部评价

大部分教师认为交流来的教师能够起到教学引领作用，给本校带来活力。60.43%的教师对交流来的骨干教师的教学引领作用给予了肯定，比普通教师的肯定高出 15.81%。36.03%的教师认为交流来的普通教师给学校带来活力，比骨干教师的评价高出 11.11 个百分点。

也有部分交流教师被认为不安心教学、不能很好地适应新学校、不能胜任交流学校的教学工作等，分别有 14.91%和 9.14%的教师给予了普通教师和骨干教师负面评价，部分原因在于派出学校趁教师交流机会派出在本校无法胜任教学任务、人际关系不佳的教师。

表3.8 对交流来的教师的评价（％）

	普通教师	骨干教师
能够起到教学引领作用	44.62	60.43
给本校带来活力	36.03	24.92
能够帮助提高学校管理水平	4.45	5.51
不安心教学	9.42	6.10
不能很好适应新学校	4.74	2.61
不能胜任本校教学工作	0.76	0.43

分城乡分析教师交流的积极效应发现，农村学校迫切需要交流教师来提高教师队伍质量。交流到农村学校的教师，不论是普通教师还是骨干教师，在能够起到教学引领方面受到当地教师认可的比例都较高。分别有47.47%和61.15%的农村教师认为交流来的普通教师、骨干教师能够起到教学引领作用，32.89%和23.41%的农村教师认为交流来的普通和骨干教师能给本校带来活力。城市学校由于自身教学质量比较高，对交流来的教师在教学引领方面的评价较农村学校低。对普通教师教学引领作用的认可比农村学校低8.95个百分点；对普通教师给本校带来活力的认可则比农村学校高10个百分点。

农村学校和城市学校对交流来的教师能否帮助提高学校管理水平的认可程度几乎没有差别。学校很少让交流教师参与管理工作，说明目前教师交流政策还处于比较初级的阶段，交流教师被认为是在流入学校短期停留的客人，流入教师还有发挥作用的巨大空间。

表3.9 对交流来的教师的评价——分城乡（％）

	普通教师		骨干教师	
	城市	农村	城市	农村
能够起到教学引领作用	38.52	47.47	58.94	61.15
给本校带来活力	42.74	32.89	28.00	23.41
能够帮助提高学校管理水平	4.23	4.55	5.19	5.67
不安心教学	6.78	10.66	4.08	7.09

	普通教师		骨干教师	
	城市	农村	城市	农村
不能很好适应新学校	6.80	3.77	3.42	2.21
不能胜任本校教学工作	0.93	0.67	0.36	0.46
总计	100	100	100	100

教学质量差的学校最需要交流教师来提高教师队伍质量，但是交流来的教师不安心教学的比例也最高。教学质量好的学校有42.38%的教师认为交流来的教师能给学校带来活力，高出教学质量最差的学校10.93个百分点。对于"不能很好适应新学校""不能胜任本校教学工作"各类学校的教师选择比例相近，教学质量较差学校的教师的选择比例略高于中等学校，可能是因为薄弱学校和优质学校一样具有特殊性，对教师有特别的要求。优质学校和薄弱学校的学生在学业基础、课堂纪律和成长环境等方面存在差异，优质学校教师面对不同的学生群体需要时间适应。有研究显示，城市学校教师与农村学生生活背景差异较大，会造成双方在沟通上的困难，城市教师对农村学生经历、认知水平了解不足也会造成他们在农村学校教学上的困难（刘伟，朱成科，2010）。教学质量较差的学校反映交流教师不能安心教学的比例也最高，有13.85%的教师选择了该选项，教学质量优秀的学校只有7.48%的教师认为交流教师不安心教学。

各等级学校对骨干教师能够起到教学引领作用的认可比例均高于普通教师，都在55%以上。对骨干教师的负面评价比例低于普通教师。

表3.10　对普通流入教师的评价——分学校教学质量等级（%）

	学校教学质量			
	差	中	良	优
能够起到教学引领作用	42.04	46.42	46.05	37.98
给本校带来活力	31.45	34.13	35.89	42.38
能够帮助提高学校管理水平	6.08	4.58	4.02	4.49
不安心教学	13.85	10.11	8.93	7.48
不能很好适应新学校	5.24	4.10	4.47	6.63
不能胜任本校教学工作	1.34	0.67	0.64	1.03
总计	100.00	100.00	100.00	100.00

（二）相对积极的自我评价

大部分教师获得了比较好的交流经历体验，分别有九成左右的教师认为自己在交流期间交了一批新朋友、与学生建立了感情。70%以上的教师认为交流经历提高了自己的教学水平、工作积极性，使自己获得成就感。60%的教师认为交流经历提高了自己的声望。

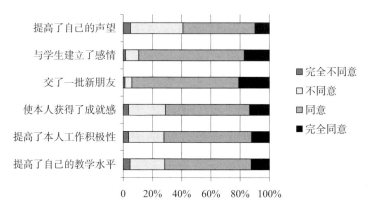

图 3.24　教师对交流经历的自我评价

第四节　交流教师成就感的影响因素

一、观念、机会和环境的影响

以未加入任何解释变量的基线模型做数据的层级特征检验，结果显示教师成就感的县际差异显著，县级水平应当作为一个独立的数据水平处理（$\chi^2 = 488.147$，$df = 1$，$p < 0.001$）。在基线模型的基础上逐步加入各组变量，最终模型解释了81.54%的区县水平教师成就感的差异，解释了29.15%的教师个体水平差异，解释了32.54%的总方差，相比基线模型拟合优度提升了18.13%。

（一）政策观念认同的积极影响

教师的政策观念和态度解释了大部分个体水平和区县水平的成就感变异，

公平观念和态度越积极成就感水平越高（见图 3.25）。对"教师交流制度是促进校际均衡的根本措施""应当建立全体教师交流制度"持有完全赞同态度的教师，其成就感分别比完全反对的教师高 1.144 个标准差（$Z = 22.88$，$p < 0.001$）和 0.652 个标准差（$Z = 12.78$，$p < 0.001$）。当教师从观念上认同交流制度，自我践行时更易于认同自己的交流经历。教师参与交流时自愿程度的差异显著影响教师的成就感（见图 3.26），与完全自愿交流的教师相比，学校做工作后同意交流但不交流也无惩罚的教师，其成就感低了 0.278 个标准差（$Z = -14.63$，$p < 0.001$），完全被迫且不同意交流会受惩罚的教师的成就感低了 0.617 个标准差（$Z = -22.04$，$p < 0.001$）。这个结果说明选派教师时要尊重教师意愿，否则交流效果将大幅降低。政策观念模型分别解释了 67.21% 的区县水平、25.35% 的个体水平和 27.91% 的总体水平的教师成就感差异，是解释力最高的一组变量。

Priester 等人的研究发现态度越强烈转化成为行为的可能性越大（Priester，2004）。所以当教师从观念上认可教师交流政策促进教育公平的作用，从态度上支持教师交流制度时，其执行交流任务的积极性也高，观念、态度与行为达成一致，为教育公平奉献的使命感有助于教师降低对自身利益的关注程度。教师观念和态度与行为不一致则会导致认知失调，从而消极对待交流。完全自愿参与、被动和被迫三个层次，一方面反映了教师交流的自主权大小，另一方面反映了教师交流时态度与行为的一致程度，完全自愿参与的教师其态度和行为达成一致，而被动和被迫的教师其态度和行为存在割裂趋势。刘伟等也证明被迫交流的教师不认同自己的交流行为，期待教师安心执教是不现实的（刘伟，朱成科，2010）。《教师法》规定"教师的聘任应当遵循双方地位平等的原则，由学校和教师签订聘任合同，明确规定双方的权利、义务和责任"，所以，县级教育行政部门能否使用行政权力强行安排教师交流应慎重论证；派出学校也应依据合同尊重教师意愿决定去留。教育公平观念宣传、心理辅导和思想沟通等都是现阶段必要的工作，此外，交流政策文本还应对不适宜交流的情况做出规定，增加缓期或免于交流的条款。

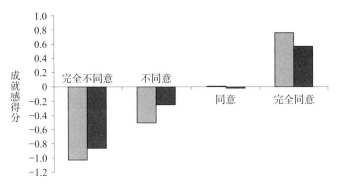

图 3.25　教师对交流政策的认同程度越高其成就感越高

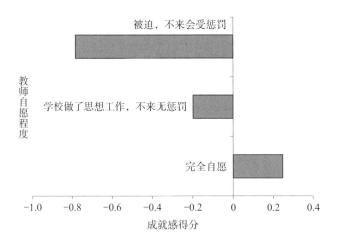

图 3.26　教师参加交流的自愿程度越高成就感越高

（二）职业发展可持续性的影响

流入学校的办学条件未显示显著效应，软件性变量——发展机会、适应性与工作安排等与成就感显著正相关。职务职称获得提升的教师与没有变化的教师，两者之间的成就感无显著差异，但显著高于职务下降的教师 0.244 个标准差（$Z = -4.44$，$p < 0.001$）。培训机会差异产生的效应更强，培训机会越少成就感越低，呈显著线性递减趋势（见表 3.11）。培训对教师的专业发展至关重要，尤其当教师流入农村地区或者薄弱学校，缺乏培训将造成信

息闭塞和业务能力退化，与原同事逐渐拉开差距失去发展的机会。部分教师在流入学校被迫教专业不对口的课程，既不利于专业发展也导致工作难度更大，成就感降低了 0.130 个标准差（$Z = 6.84$，$p < 0.001$）。参与学校或者学生管理能够提高教师的成就感，平均提高 0.158 个标准差（$Z = 3.76$，$p < 0.001$）。教师不适应新环境也会造成成就感降低，例如，不熟悉流入学校所用教材、受到流入学校教学质量低等问题困扰的教师，其成就感均显著降低（$\beta = -0.059$，$Z = -2.57$，$p < 0.001$；$\beta = -0.055$，$Z = -2.62$，$p < 0.001$）。人事关系也是教师交流政策需要特别注意的一个问题，调动了人事关系的交流教师成就感显著较低（$\beta = 0.100$，$Z = 4.35$，$p < 0.001$）。

提高职称或者职务是许多地区教师交流政策文件中规定的激励措施，但实际执行中大部分教师的职称职务没有因为交流而提高，有些地区存在失信的现象（马焕灵，景方瑞，2009）。事实上职称职务没有变化的教师与提高或者预期提高的教师之间成就感无显著差异，所以如果建立全体教师交流制度，政策承诺职称职务提级是不现实的，应取消该条措施。从分析结果看，教师作为专业技术人员更注重专业发展的可持续性，教授专业对口的课程、参与学生或者学校管理，以及增加培训机会等预测效应均很强。而目前的交流政策很少关注到教师在流入学校的专业发展问题，这提示我们在政策的实施细则中应当考虑保护教师在流动后的可持续发展能力。

（三）生活条件与环境的影响

生活条件下降的负效应显著。交流教师受到上班交通时间增加的困扰时，其成就感显著降低（$\beta = -0.084$，$Z = -4.94$，$p < 0.001$）。在交通时间都增加的情况下，如果流入或者流出学校能够帮助解决住宿问题，教师成就感则显著提升（$\beta = 0.093$，$Z = 4.43$，$p < 0.001$）。部分区县没有对交流教师发放津补贴，或者津补贴额度不足以支付流动成本，导致教师经济负担增大。收入状况没有变化的教师成就感低于收入提高的教师，但二者之间差异不显著（$\beta = -0.034$，$Z = -1.17$，$p > 0.05$），收入下降群体成就感显著低于收入提高群体，低出 0.134 个标准差（$Z = -3.62$，$p < 0.001$）。流入学校所在社区环境不好（$\beta = -0.061$，$Z = -2.65$，$p < 0.05$）以及流入学校生活条件不好

（$\beta = -0.073$，$Z = -3.32$，$p < 0.001$）都能导致教师成就感降低。

虽然有部分教师认为流入学校办学条件较差，给其工作造成不便，但是并没有对其成就感产生显著影响，说明办学条件校际差异不是阻碍教师交流的根本问题，相比之下教师更在乎生活环境。分析结果显示学校所在社区环境较差以及生活条件不好等与生活环境有关的变量效应显著。生活环境较差的地方或多或少伴随着低社会阶层聚居、人口流动频繁、基础设施不健全，以及社区安全较差等各类问题，教师所受影响将不限于个人生活是否方便，社交圈子、子女教育以及卫生健康等都难免累及。国外研究也证明教师试图尽量避免去那些文化程度低、农业人口比例高或就业率低的地方任教，学生家庭背景对教师交流意愿的影响大于收入产生的影响（Barbieri，et al.，2011；Hanushek，et al.，1999）。对个人的利益补偿作用终究有限，要让教师顺畅地流动起来，最终需要国家缩小城乡差距、降低社会分化，改善整体社会环境，例如，预防、干预居住区域阶层分化问题，避免就近入学政策强化学校生源分层进而阻碍教师流动。韩国和日本的教师定期交流制度被我国政府和学者奉为教师交流制度的样板，但我们学习他山之石要考虑自身的社会背景。两国政策在第二次世界大战后20世纪50、60年代国家重建时期出台，基尼系数都已经从比较不公平下降到比较合理的水平。❶ 而我国目前社会分化已经比较严重，教师流动壁垒会更大，教师交流制度的建立不能仅仅依靠教育部门颁布的教师交流政策，必须与其他社会改革措施协调推进才能实现教育公平目标。

（四）县域城镇化程度的影响

城镇化水平显著预测教师成就感。将区县非农业人口比例作为城镇化指标❷（刘伟，朱成科，2010），分析结果显示区县城镇化率越高教师成就感越

---

❶ United Nations University Database [DB/OL]. [2013-09-30]. http：//www. wider. unu. edu/research/Database/en_ GB/wiid/

❷ 一般采用城镇人口占总人口比重来测度城镇化水平，孙文慧等人（2005）的研究发现非农业人口比重的因子载荷高于城镇人口比重，因此在小型研究中也可以使用非农业人口比重作为城镇化的替代性指标。

高（β＝0.135，Z＝2.87，p＜0.01），城镇化率每增加一个百分点，教师成就感增加0.135个百分点。将样本县根据城镇化程度分为3个等级深入分析发现，城镇化程度较高的区县财力较好，能够更好地承担实施政策的经济成本，没有津贴或者有少量津贴的教师比例在高城镇化地区为51.29%，分别低于中等和低水平地区10.82个和17.53个百分点；高城镇化地区需要住宿的交流教师比例为8.98%，分别低于中、低组12～17个百分点。城镇化程度不同，学校对交流教师的工作安排也有不同，高城镇化地区教授专业对口课程的交流教师达到80.18%，高出低城镇化地区23.26个百分点。

表3.11　交流教师成就感影响因素模型

	系数	标准误	Z 值
个人特征			
婚姻状况（参照组为已婚）			
单身	0.071	0.029	2.45
其他	0.159	0.079	2.01
年龄（以均数中心化）	−0.003	0.001	−3.00
是否骨干教师（参照组为普通教师）			
学校骨干教师	0.067	0.021	3.19
区县及以上骨干教师	0.075	0.021	3.57
教师政策观念			
教师交流制度是促进校际均衡的根本措施（参照组为完全不同意）			
不同意	0.346	0.047	7.36
同意	0.645	0.046	14.02
完全同意	1.144	0.050	22.88
应当建立全体教师交流制度（参照组为完全不同意）			
不同意	0.256	0.049	5.22
同意	0.347	0.048	7.23
完全同意	0.652	0.051	12.78
流动自主权（参照组为完全自愿）			
学校做思想工作后参与，不同意也可以	−0.278	0.019	−14.63
完全被迫，不参与会受惩罚	−0.617	0.028	−22.04
交流后生活状况			
交流后交通时间延长	−0.084	0.017	−4.94

	系数	标准误	Z 值
交流期间住宿情况（参照组为回家住）			
自己解决住宿问题	0.018	0.027	0.67
流入或流出学校帮助解决	0.093	0.021	4.43
收入情况（参照组为提高）			
收入没有变化	−0.034	0.029	−1.17
收入下降	−0.134	0.037	−3.62
学校所在社区环境不好（参照组为不存在该问题）	−0.061	0.023	−2.65
生活条件不好（参照组为不存在该问题）	−0.073	0.022	−3.32
交流后工作状况			
培训机会的变化（参照组为大幅增加）			
增加	−0.175	0.048	−3.65
没有变化	−0.388	0.047	−8.26
下降	−0.402	0.05	−8.04
大幅下降	−0.54	0.054	−10.00
职称或职务的变化（参照组为提高）			
没有变化	−0.027	0.025	−1.08
下降	−0.244	0.055	−4.44
教专业对口课程（参照组为否）	0.13	0.019	6.84
参与学校或者学生管理（参照组为否）	0.158	0.042	3.76
不熟悉教材（参照组为否）	−0.059	0.023	−2.57
流入学校教学质量低带来工作上的困难（参照组为否）	−0.055	0.021	−2.62
人事关系是否调动（参照组为是）	0.1	0.023	4.35
城镇化率	0.135	0.047	2.87

二、利益补偿必要性与有限作用

（一）交流教师的利益补偿

部分交流教师经历交通时间延长、收入下降、职称职务下降、培训机会减少等利益损害，证明了交流政策的非帕累托改进性质。交流教师利益补偿形式的分析结果显示，享有不同利益补偿形式和程度的交流教师群体间成就感差异显著，生活条件补偿在一定程度上可以避免成就感下降。教师在专业可持续发展、适应性等方面对组织支持的需求更为强烈。

但是补偿或者激励并不一定带来成就感的显著增长，例如，在收入增长、职称职务提高的教师与无变化的教师群体间并未发现显著的成就感差异。有学者认为，如果交流给家庭生活带来诸多不便，外在补偿也难以激发教师的交流意愿（张天雪，朱智刚，2009）。如果交流期限较长或者人事关系调动，部分教师可能还将面临家人工作调动、孩子转学等问题。相对于预防利益损害发生，利益损害后再补偿必然导致政策实施成本增加，政策规定应尽量减少对教师生活和工作的冲击。部分教师还因适应性问题造成成就感降低，如不熟悉流入学校教材、不适应流入学校较低的教学质量等，这反映了教师在派出前缺乏相应的培训、交流期间缺乏必要的组织支持。区县层面设置配套的组织支持措施、成立教师互助组织等，与利益补偿同样重要。

（二）全体教师的利益公平

目前的利益补偿措施具有较强的动态性，以"交流"为对象缺乏长期效应，只能用于激励或者利诱优秀教师在薄弱学校短期工作。外来交流教师享有更好待遇易导致本校教师产生不公平感。同时，交流教师也被当作临时同事，往往不能正常参与学校诸多工作，例如学校管理、学生管理等，造成教师边缘化心态，不利于其专业发展。

教师专业化发展等变量效应显著，既说明这些因素显著影响了教师的交流效果，也说明这些因素在各个教师群体之间存在显著差异，教师交流政策的设计应考虑这些因素，但利益补偿的提供者不应是学校，受益对象也不应是交流教师这个扮演临时性角色的群体，应当定位于在弱势地区和学校任教的全体教师岗位，教师"低就高聘"的策略要对所有教师一视同仁。

三、放管服视角下的教师交流

（一）存量资源的均衡重组

教师交流政策可以说是改变校际教师资源配置不均衡现象效率最高的一

种措施，可以通过资源重组在最短时间内提高校际教师质量均衡程度。教师交流政策让教师流动起来的目标是善意的，我们需要讨论的是让教师交流的方式。当前教师资源重组几乎完全依靠政府行政意志和行政力量完成，而研究结果显示被强迫交流的教师成就感最低。为了推行教师交流，教师人事制度实行了县管校聘的改革，将教师管理权从学校上收到县，学校作为用人单位没有权力挑选教师。这种做法与简政放权、优化服务的政府职能转变精神是不一致的，也与加强现代学校制度建设的精神相悖。

我们应学习外国经验也应考虑国情的不同。日本教师是准公务员，教师交流制度也是基于教师自愿，教师有自由流动的权利，教师工资根据学校弱势程度定级，条件越差收入级别越高，并且等级差距较大。

因此，本书建议建立有导向的市场化教师流动机制，将弱势优先的理念渗透在教师资源配置制度中，引导教师流动到处境不利学校，而选择和被选择仍由教师和学校自主决定，合同签几年由学校和教师自己决定。交流教师流动到新学校即成为新学校教师群体的一员，与其他教师一样享有和承担教学、管理等权责，与原学校不再有聘任关系。安置某些教师去某些岗位不应是政府做的事情，政府管理和干预的手段体现在明确设岗标准、岗位数量和要求，依据弱势优先的原则规定和保障教师待遇和发展机会级别，条件越艰苦教师待遇越高、发展机会越多，例如，高额津贴、优先就读教育硕士、优先晋级，保障到一定年限准予调走，规定岗位重新聘任期限避免职业倦怠等，实现政府的调控和服务功能。这样也避免地方政府为了政绩打造名校、追求升学率等而破坏教师资源的公平配置。

（二）增量资源分配的公平

教师交流政策的主要措施是重组现有教师资源，教师队伍建设政策中对新增教师分配的不公平做法仍旧没有改革，例如，某些紧缺专业新增教师优先配置城市学校、优质学校，这也是农村学校难以从低年级开齐开足英语课的重要原因。调查显示，优质学校教师认为紧缺专业的教师应优先配置给农村学校的比例只有64.13%，对紧缺专业教师应优先配置薄弱学校的选择比例也仅为74.07%，比其他类型学校低11～16个百分点。优质学校在资源配置中有较强的话语权，他们代表着一个地区的教育颜面和窗口。优质学校教师的这种观念在一定程度上反映了一个地方的资源分配倾向，这种倾向往往导致教师资源均衡配置不彻底，一方面企图在老教师中均衡配置，一方面又在新增教师配置中制造新的不公平。

　　作为教育公平的手段，也有些地方将新增教师全部分配到农村学校，然后，通过招考选拔优秀教师进入城市学校。新毕业大学生缺乏经验，尤其需要高水平教师传帮带，但是在目前农村缺乏教师或者原有教师老化的情况下，将新毕业大学生分配到农村学校则成为一个有效措施。本研究的调查结果显示，城乡教师对这个措施都支持，但是支持理由有差异，更多的城市教师认为新毕业大学生需要到农村去锻炼，锻炼好了以后可以通过招考进城，而农村学校教师支持的理由更多是农村学校缺乏教师。有些省份从初中毕业生中直接招考师范生为农村学校定向培养教师，也再次证明农村学校缺乏教师，且还处于较低层次的需求水平上。招考农村教师的做法对农村教师个体来说是事业发展的希望，否则大部分农村教师永远留在农村没有机会进入城市；对农村学校来说这则是掠夺，拉大了城乡教学质量的差距，更与教师交流政策的目标相反。因此，教师交流政策实现资源均衡配置的目标，需要统筹考虑存量资源和增量资源的配置。

第四章 师生关系与学生的家庭背景

校际教育质量差距与学校和教师的水平有很大关系，但在多数国家，影响作用最大的因素是学生的家庭背景。家庭的社会经济地位通过家庭对学习资源的支持、价值观的培养、对学习动机的影响、亲子关系、教养方式等渠道无处不在地影响着学生的学习结果。有研究（任春荣，2015）发现，家庭还通过师生关系间接影响学生成绩。师生关系是学生在学校里最重要的人际关系，影响学生成绩的关键要素。但是家庭是如何作用于师生关系的？本章通过分析师生关系和家校关系，研究教师和学生之间的互动、教师与家长互动过程中家庭背景的作用如何发挥出来，探究学校教育受哪些隐性的、不为人注意的家庭背景因素所影响，对不同阶层学生的师生关系的基本特点、师生关系相关因素的阶层差异、影响学生师生关系感知的认知方式、家校关系在师生关系形成中的作用进行全面分析。

第一节 师生关系的家庭背景差异

一、研究问题提出与调查设计

（一）文献综述与问题提出

师生关系是教师和学生对待彼此的态度和行为，是学校中教师和学生双方的基本人际关系。学生每天大量的时间是与教师共同度过的，在儿童学校教育的各个阶段，教师对学生学业和社会性发展的支持作用是独一无二的。

师生关系不仅影响中小学生的学业表现，也影响中小学生的情绪情感、行为适应以及同伴关系（Pianta, et al., 1995；王耘，王晓华，2002；邹泓等，2007），是影响学生发展的一个关键变量。所以一些发达国家对师生关系进行监测保障少年儿童的健康成长（董奇，林崇德，2011）。2013 年，我国新颁布的《关于推进中小学教育质量综合评价改革的意见》将师生关系作为教育质量的指标之一，表达了国家对学生非智力因素发展的重视，也说明学校对学生的人际交往能力的培养负有责任。

以往有关师生关系的研究主要集中于以下几个方面：师生关系的定义或者内涵、师生关系对儿童青少年发展的影响或者作用、师生关系的测量方法，以及影响师生关系的因素等。影响师生关系的因素按照影响主体可以分为三大类，教师方面包括教师态度、教师人格特点、教师教学和管理方式、教师智慧水平等；学生方面包括学生性格、认知水平等；环境方面包括学校的人际关系环境、课堂的组织环境以及社会风气等。已有研究得出的结论主要有：

第一，师生关系是一种互动关系，关系好坏受师生双方的个体特征影响。教师态度、教师人格特点、教师教学和管理方式、教师智慧水平等，学生性格、认知水平、行为习惯、交往能力等都能影响师生关系的质量。Pianta 认为，当师生关系是一种亲近、积极的状态时，教师会有较大动力花费额外的精力去帮助学生获得进步，当师生关系紧张、冲突不断时，教师则更倾向于试图控制学生行为，这样就妨碍了积极的学习环境的营造（Pianta, et al., 1995；Hamre & Pianta, 2001）。学生对师生关系的反应也随关系的好坏而不同。当学生感受到的师生关系是亲近的、积极的，学生更倾向于信任和喜欢他们的老师，有更强的动机获得进步；而当学生认为师生关系是冲突性的、消极的，则不喜欢也不信任他们的老师，面对老师更倾向于持有挑衅的态度（Pianta, et al., 1995；Hamre & Pianta, 2001）。

亲密性、冲突性、支持性和依赖性四个维度是考察师生关系的常用维度（Pianta, 2001；董奇，林崇德，2011），例如，学生遇到困难能否及时获得教师帮助，是否喜欢班主任老师，是否愿意跟教师分享烦恼等。3~6 年级学生的师生关系可划分为三种类型：冷漠型、冲突型、亲密型；师生关系随学生年级增长而变化，随年级的上升师生关系消极的比例逐步上升（王耘，王晓华，2002）。

第二，家庭背景从社会化、教育支持等多个方面影响学生发展。家庭社会经济地位较低的儿童在社会性发展方面处于不利的境遇，一项对 1991～2002 年发表的、与低收入家庭学前儿童问题行为有关的 30 份研究报告的元分析（Qi & Kaiser，2003）显示，低社会经济地位背景的儿童问题行为的出现概率显著高于一般群体，前者问题行为发生率为 30%，而后者仅为3%～6%；父母教育程度显著预测了学生社交技能缺陷。Rimm‐Kaufman 等人（2005）发现，幼儿园教师报告的父母对教育的态度预测了孩子对学习活动的参与程度和投入程度，而父母的教育态度是家庭社会经济地位以及母亲敏感度的中介变量。对不同种族和收入群体的各类研究均显示，家校中间系统的不同维度与学生的学习投入和成就水平有关联（Boethel，2003）。不同社会阶层和种的父母对适当的家庭教养方式以及与学校互动方式的看法有差异，美国社会是白色人种和中产阶级占主导的社会，所以，对他人意图的误解最容易发生在少数族裔家长与教师互动时，而不是白人家长与教师互动时（Lasky，2000；Ogbu，1993）。尽管少数族裔父母表达了强烈的积极卷入孩子教育的愿望，但他们与主流种族家长相比，更有可能认为努力创造父母卷入的机会是学校的责任，因此，在参与学校组织的家长活动时缺乏主动性（Chavkin & Williams，1993）。低社会阶层家庭面临的一些困难也阻碍了父母卷入行为的发生，例如，交通能力弱、需要照料较小的孩子、工作忙碌等（Boethel，2003）。

我国以往有关师生关系的研究主要存在两个方面的不足，一是，研究思路上是单向的，忽视了师生关系是一种互动关系，师生关系的改善应从双方角度发现症结。二是，研究内容忽视了师生关系是特定社会背景下的人际关系。教育学领域倾向于用思辨方式、感性经验方式讨论师生双方地位以及如何提升师生关系，心理学研究领域倾向于采用量化方法研究师生关系的结构，以及师生关系与学生学业和心理健康的关系等。《人民教育》2016 年第二期针对层出不穷的师生关系恶性案例进行探讨，提出师生关系是教育质量的支点的观点，但仍旧避讳社会分层的视角，没有将恶化的师生关系看作社会冲突在教育领域的一种体现。人民平均受教育年限提高了，教师队伍整体质量提高了，为什么师生冲突多了？既然在学生认知发展领域政府已经认可寒门难出贵子，从而在高校实施各种面向低阶层子女的扶助计划，但我们难道仍旧仅仅将师生关系方面的问题归结为师德问题吗？

我国社会习惯于将不良师生关系归因于教师职业道德水平不高，极少从社会分层的角度去研究不良关系背后的原因。这种做法给教师带上道德枷锁，并不能真正帮助教师改进师生关系。家庭对学生和教师的影响未得到应有的重视，以往少量研究证明家庭社会经济地位对师生关系预测效应显著（Hughes & Kwok，2007），师生关系是学生家庭社会经济地位影响学业成绩的中介变量（任春荣，2015），但是学生家庭是如何影响师生关系的？其作用机制是什么？

有关教育公平方面的研究更多关注教育机会公平、资源配置公平，教育结果公平方面的研究大量集中在学生学业成就领域，而家庭背景的作用机制则一直没有深究。本部分对家庭社会经济地位在师生关系形成中的作用机制的研究，将有助于丰富社会分层理论，回答社会经济地位如何影响学生人际关系进而影响学业成绩，从而实现阶层再生产等问题。以师生双方的家庭背景对师生关系的影响为研究目标，分析家庭教养方式、家校互动对师生关系的效应，将有助于丰富教育学和心理学相关理论。

在实践层面，本研究有利于正视社会问题，改善师生关系，提供学校教育过程的公平性。建设良好的师生关系，将帮助教育工作者理解实践中哪些因素降低了或者提高了师生关系质量，为教师培训内容的选择、提高教师配置效益提供依据，也有助于教育工作者对低阶层家庭学生的发展采取有针对性的干预措施。对学生来说，有助于激发和保护他们的学习积极性、身心健康成长，有助于其在未来也形成良好人际关系。

（二）调查设计与研究方法

以5、6年级的小学生为研究对象，在北京、山东和新疆三个省份展开调查。选择城镇和郊区两类学校作为样本校，好中差各3所，每个班级选择20

名学生，7 个学习最好的，7 个学习最差的，6 个学习中等的。总计有 1527 名学生参与调查，其中女生 51.51%，年龄平均 11.8 岁（标准差为 0.83）；5 年级 740 名、6 年级 787 名；好中差学校学生数分别为 679、388 和 460 名。留守儿童占比 1.18%，进城务工人员子女占比 22.5%。

主要研究变量包括个体人口学和个体特征信息、家庭背景、师生关系、家庭教育环境等几个方面。个体人口学信息包括性别、年龄、是否本地户口。个体特征变量包括学生对学校的归属感以及学习动机，如为父母和教师高兴而学习的外部动机以及为自己满意而学习的内部动机。

家庭背景的调查采用父母受教育程度、职业和家庭拥有物。父母的受教育程度分为小学及以下、初中毕业、技校或高中毕业或中专毕业、大专等专科院校毕业、大学及以上 5 个等级，并设计了"不知道"选项以应对小学生不了解父母受教育程度的情况。家庭背景信息以反映家庭社会经济地位的变量为主，包括家庭居住地、父母职业、父母受教育程度。父母职业、受教育程度采用 Hollingshead（1957）方法合成为一个家庭社会经济地位连续性变量，同时生成一个划分为上层、中等和下层 3 个等级的定序变量。

师生关系为本研究的因变量，参考 Pianta 师生关系量表，采用学生报告的方式测量学生所感知的与教师的关系。题目有 16 道，例如，我和班主任感情很好、我有困难的时候，老师能及时给我帮助、老师对我很公平、我被老师忽视、老师很容易就跟我生气、我无法预测老师的情绪，等等。四点计分，0 = 非常不同意，1 = 不同意，2 = 同意，3 = 非常同意。量表信度系数 Cronbach α = 0.873。

二、师生关系的显著阶层差异

（一）学生公平感的重要地位

学生报告的师生关系总体状况良好，例如，选择同意和非常同意"我和班主任老师的感情很好"的比例分别有 57.07% 和 34.19%；"我有困难的时候，老师能及时给我帮助"同意的比例为 48.82%，非常同意达 46.40%；同意和非常同意"老师很关心我"的比例分别为 48.89% 和 44.71%；不到 4%

的学生报告师生之间总在互相斗争。也有某些方面的状况不好，例如，33.87%的学生表示"无法预测老师的情绪"，11.89%的学生认为老师会在同学们一起犯错的时候先批评他。

采用因子分析的方法计算师生关系值和维度，KMO = 0.92，巴特来球形检验系数在 0.001 水平上显著，说明师生关系适合做因子分析。方差累积解释率达到 52.49%，因子载荷在 0.661~0.739 之间。获取特征根大于 1 的三个因子，分别命名为公平、支持和理解，方差解释力分别为 36.47%、9.18% 和 6.84%。以因子的方差解释能力作为权重加和计算师生关系总分。可以看出，学生对自己是否被公平对待的感知是其评价师生关系的核心要素。

（二）师生关系的校际差异

将学校按照在当地的教学声誉分为优质、中等和薄弱三类，对比发现师生关系在学校等级之间存在显著差异。在公平维度上，较差学校显著低于优质和中等学校；在支持维度上，中等学校显著优于优质学校；在理解维度上，校际之间没有显示显著差异。中等学校在师生关系的总体状况和各个维度上都表现最好（见图 4.1 和表 4.1）。薄弱学校学生的师生关系较低，主要是由学生公平感较低造成的，这与薄弱学校"差生"较多有关，教师为了提升学校教学分数，往往喜欢抓少数优秀学生，而对学习成绩较差的学生则表现出"怒其不争"的焦急或者忽视态度。薄弱校提升师生关系，教师需要从公平

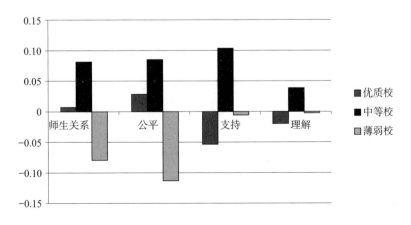

图4.1　按学校类型分师生关系质量

对待学生入手。优质校的支持维度得分最差，学生觉得老师对他们的帮助和关心不够，或与优质校考试压力较大有关，教师将较多精力用于学科学习，从而忽略了学生的情感需求。

表 4.1　师生关系校际差异显著性检验

		平方和	df	均方	F	p
师生关系	组间	5.092	2	2.546	3.625	0.027
	组内	994.630	1416	0.702		
	总计	999.722	1418			
师生关系（公平）	组间	8.567	2	4.284	4.304	0.014
	组内	1409.433	1416	0.995		
	总计	1418.000	1418			
师生关系（支持）	组间	5.695	2	2.848	2.855	0.058
	组内	1412.305	1416	0.997		
	总计	1418.000	1418			
师生关系（理解）	组间	0.774	2	0.387	0.386	0.680
	组内	1417.226	1416	1.001		
	总计	1418.000	1418			

（三）师生关系的阶层差异

选择学生的父母职业和受教育程度最高的一方，合并为一个社会阶层变量，按照上下一个标准差划分为三个等级进行师生关系的差异显著性检验。检验结果显示，较低社会阶层的学生所感知的师生关系质量显著差于中、高阶层（见图 4.2 和表 4.2）。用 LSD 事后检验发现，支持维度上三个组别两两差异显著；公平维度上仅低阶层学生在 0.01 水平上显著低于中、高阶层学生，而中、高阶层之间差异不显著；理解维度上低阶层学生与高阶层学生在 0.01 水平上差异显著。一般情况下，教师倾向于认为自己在家庭困难学生、学习困难学生身上花费了大量时间，但本研究证明低阶层学生感知到的支持维度最低。国外也有多个研究发现非洲裔、低社会经济地位的学生获得教师支持的概率低于白种人或者高社会经济地位学生（Hamre & Pianta，2001；Ladd，et al.，1999），所以，我们需要检视反思是不是有学生需要帮助而我们没有发现，或者帮助方式让学生感受不好。在公平维度和理解维度上，中、高阶层学生对公平的感知都是正向的，而低阶层学生得分最低，为什么低阶层学生觉得不公平、师生之间相互理解程度不好？是教师歧视学生吗？下文将对其中原因进行深入分析。

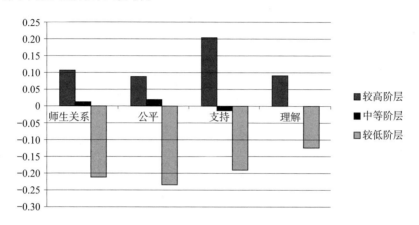

图 4.2　家庭阶层与师生关系

表 4.2　师生关系的阶层差异显著性检验

		平方和	*df*	均方	F	*p*
公平维度	组间	12.286	2	6.143	6.188	0.002
	组内	1405.714	1416	0.993		
	总计	1418.000	1418			
支持维度	组间	16.025	2	8.012	8.093	0.000
	组内	1401.975	1416	0.990		
	总计	1418.000	1418			
理解维度	组间	4.650	2	2.325	2.330	0.098
	组内	1413.350	1416	0.998		
	总计	1418.000	1418			
师生关系	组间	10.823	2	5.412	7.749	0.000
	组内	988.899	1416	0.698		
	总计	999.722	1418			

不同户口类型学生的师生关系之间存在显著差异（见表 4.3 和表 4.4），本地农村户口的学生其师生关系最差，均值为 −0.28，在 0.01 水平上显著低

于本地城镇、外地城镇以及外地农村户口的学生。本地农村户口的学生其师生关系各个维度都是最差的，公平维度，在0.01水平上显著低于其他组别；支持维度，在0.05水平低于本地城镇，与其他组别没有显著差异。本地农村学生中留守儿童的师生关系均值为 −0.48，在样本中数量太少不做差异检验分析。城镇户口学生的家庭背景优于农村户口学生，这一点可以用于解释其较好的师生关系，外地农村户口学生的师生关系优于本地农村户口，则与农村人口的分层有关，有能力带孩子出来上学的农民工以农村社会的精英为主。

表4.3　不同户口类型学生的师生关系

		均数	标准差			均数	标准差
师生关系总分	本地城镇	0.03	0.82	支持维度	本地城镇	0.03	0.98
	本地农村	−0.28	0.85		本地农村	−0.19	1.10
	外地城镇	0.08	0.86		外地城镇	0.04	1.04
	外地农村	0.03	0.86		外地农村	0.00	1.01
公平维度	本地城镇	0.03	0.98	理解维度	本地城镇	0.01	0.99
	本地农村	−0.33	1.05		本地农村	−0.15	0.93
	外地城镇	0.11	1.04		外地城镇	0.01	1.07
	外地农村	0.05	1.01		外地农村	0.02	1.03

表4.4　师生关系的户口类型差异检验

		平方和	df	均方	F	p
师生关系总分	组间	12.134	3	4.045	5.804	0.001
	组内	981.934	1409	0.697		
	总计	994.068	1412			
师生关系（公平）	组间	17.164	3	5.721	5.794	0.001
	组内	1391.331	1409	0.987		
	总计	1408.494	1412			
师生关系（支持）	组间	5.694	3	1.898	1.897	0.128
	组内	1410.078	1409	1.001		
	总计	1415.772	1412			
师生关系（理解）	组间	3.231	3	1.077	1.074	0.359
	组内	1412.795	1409	1.003		
	总计	1416.026	1412			

三、细微处解释阶层差异原因

（一）低阶层学生的高不公平感

低阶层学生的不公平感较强。让学生回答是否同意"即使我表现好老师也很少表扬我"，高阶层学生表示同意和非常同意的比例分别为 11.7% 和 2.9%，而较低阶层学生表示同意和非常同意的比例分别为 18.9% 和 2.6%，总计两个阶层学生表示同意的比例相差 7 个百分点。两个阶层学生在非常不同意上的比例相差 9 个百分点，高阶层学生表示不同意的比例明显较高（见图 4.3）。非参数检验结果显示群体间在 0.05 水平上存在显著差异（$\chi^2 = 6.549$，$p = 0.038 < 0.05$）。

对于"老师很容易就跟我生气"，高阶层学生选择非常不同意的比例为 59%，比较低阶层学生的选择比例高 14 个百分点（见图 4.4）。统计检验显示该选项存在显著的阶层差异（$\chi^2 = 10.967$，$p = 0.004$），说明低阶层儿童更容易感知到教师对其生气。

对于"同学们一起犯的错，老师总是先批评我"，高、中、低阶层学生选择不同意的比例不存在统计上的显著差异，但低阶层学生略低于中等和较高阶层学生的选择比例。认为"老师瞧不起我"的学生，低阶层学生的比例显著高于中等和较高阶层学生的比例（$\chi^2 = 11.142$，$p = 0.004 < 0.01$）。

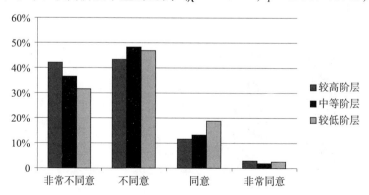

图 4.3　"即使我表现好老师也很少表扬我"的阶层差异

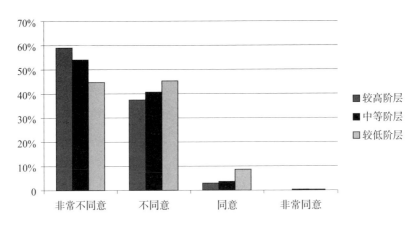

图 4.4 "老师很容易就跟我生气"的阶层差异

学生在学校的参与机会存在阶层差异（见图 4.5）。对于"学校里或班里的活动我很少有机会参与"，较高阶层学生选择非常不同意的比例 48.7%，高出较低阶层 16 个百分点，选择非常同意的比例比低阶层低 9 个百分点，但是统计检验结果不显著（$\chi^2 = 5.404$，$p = 0.067 > 0.05$）。家庭拥有的文化资源丰富程度也影响了学生对这一问题的认知，旅游机会多的学生倾向于不同意"学校里或班里的活动我很少有机会参与"（$\chi^2 = 24.697$，$p = 0.000 < 0.05$）。对于"课堂上老师喜欢叫我回答问题"也存在阶层间的显著差异（$\chi^2 = 9.317$，$p = 0.009 < 0.05$），较低阶层的学生不同意的比例为 29.1%，比较高阶层学生高了 11 个百分点。

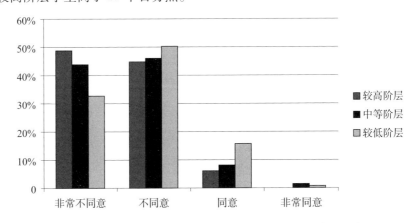

图 4.5 "学校里或班里的活动我很少有机会参与"的阶层差异

（二）人际互动判断方式的差异

1. 低阶层学生与教师交流中存在理解障碍

低阶层学生与教师交流中存在理解障碍（见图4.6）。在教师错误理解学生所表达的意思方面，虽然选择非常不同意的低阶层学生比例为32.86%，比高阶层少了10个百分点，但是非参数显著性检验显示，阶层之间不存在显著差异（$\chi^2 = 2.972$，$df = 2$，$p = 0.226 > 0.05$）。在学生理解教师所说的话方面存在显著的阶层差异（$\chi^2 = 14.698$，$df = 2$，$p = 0.001 < 0.01$），低阶层的学生听不明白教师的话，提示教师，在与低阶层家庭出身的学生交流时应格外注意学生是否明白了自己所表达的意思。

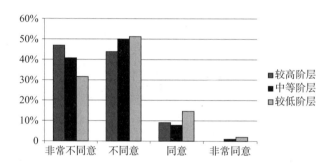

图4.6　"老师说的话我经常听不明白"的阶层差异

低阶层学生在预测教师情绪方面的能力显著弱于其他阶层（$\chi^2 = 7.684$，$p = 0.021 < 0.05$），因此，"火上浇油"或者"不会看眼色"等事情更可能发生在低阶层学生身上（见图4.7）。缺乏预测他人情绪的能力也必然导致这些学生在交往中无法照顾他人的情绪，从而影响其人际交往。

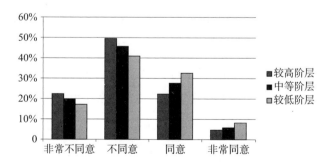

图4.7　学生在"我无法预测老师的情绪"上的阶层差异

家庭所属社会阶层越高，学生越认为"老师对我的期望很高"，在这一点上阶层之间存在显著差异（$\chi^2 = 15.62$，$p = 0.000 < 0.05$）（见图4.8）。一方面可能是教师事实上对社会阶层较高的学生有着较高的期望，一般情况下高阶层学生成绩较好，家庭能为其发展提供更充足的支持；另一方面高阶层学生比较自信，更容易感受到教师的期望。学生感知到的教师期望会影响其与教师的关系以及学习的动力，为了促进低阶层学生的发展，教师对低阶层学生表达期望时可能需要使用更加明确直白的方式，平时给予更多的鼓励。

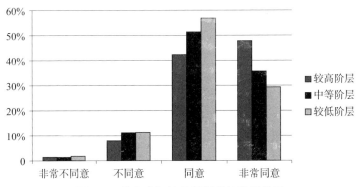

图4.8 学生感知的教师期望的阶层差异

虽然有更大比例的家庭背景较差的学生认为自己与老师审美观不一样，但是由父母职业和受教育程度合成的阶层指标的不同等级，在这一问题上不存在显著差异。分析家庭物质条件可能存在的影响，我们发现家庭拥有汽车的数量对审美观的一致性没有显著影响，但是旅游机会以及图书拥有量等代表文化资源富有程度的指标效应显著。将旅游机会分为没有机会出游、出游3天以下、出游1周、1周以上四个等级，分析结果显示，在审美观是否与教师一致上，旅游机会不同的群体之间存在显著差异，旅游机会少的学生倾向于认为自己的审美观与教师不一样（$\chi^2 = 17.546$，$p = 0.001 < 0.05$）。家庭图书拥有量越多，学生越倾向于认为与教师审美观一致（$\chi^2 = 10.742$，$p = 0.005 < 0.05$）。可能的解释是，旅游机会多、图书多的家庭在文化生活方式上更接近于教师，所以，这样家庭的学生感知与教师审美观一致的可能性就大。

2. 低阶层学生判断教师对他是否喜欢时最关注教师表情

分析学生用什么方式来判断教师是否喜欢他，在8个选项中，低阶层学生最常用的三个方式依次是老师的表情、老师的说话语气、批评与表扬，选择比例分别为 48.94%、46.28%、38.83%。中等阶层学生最常用的三个方式依次是老师的说话语气、老师表情、批评与表扬；高阶层学生常用方式依次是批评与表扬、老师说话语气、给我的机会。

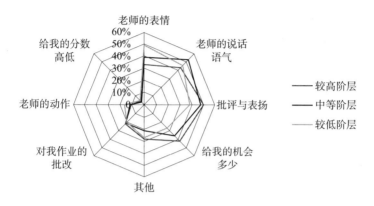

图 4.9　学生用什么方式来判断教师是否喜欢他的阶层差异

低阶层学生虽然认为自己参与活动和课堂的机会少，但选择"老师给的机会"的比例却比高阶层学生低了 15 个百分点，而选择"老师的表情"的比例比高阶层学生高了 16 个百分点。低阶层学生选择无法预测教师情绪的比例较高，同时对教师的表情和语气很在意，这提示我们的教师在与学生的日常接触中要注意言行，多从学生角度考虑什么是恰当的方式。

3. 低阶层学生认为成绩是影响教师态度的第一位因素，而高阶层学生更看重自己说话方式的影响

在影响教师对学生态度的因素方面，不同阶层学生的看法不同。较低阶层学生觉得成绩、作业质量和纪律是影响老师对自己态度的主要因素，选择比例分别为 42.11%、32.11% 和 28.42%。中等阶层学生选项中排在前列的有成绩、作业质量、纪律、说话做事的方式；较高阶层学生的选项中排在前三位的是说话做事方式、纪律和成绩。总的来说，较高阶层的学生比较看重人际交往能力，而阶层较低的孩子更看重成绩的影响，忽略了说话做事方式对师生关系的影响，低阶层孩子选择"说话做事方式"的比例较高阶层孩子低 20 个百分点。中高阶层的学生都比较看重说话做事的方式，而低阶层学生

最看重成绩。这或许与学生所理解和依靠的上升渠道不同有关。对于低阶层家庭的学生来说，改变家庭的社会地位唯有依靠好成绩、上好大学、找好工作，家庭期望的重点也在于此，而中高阶层家庭的日常教育会更多强调说话做事方式对人生成功的重要性。

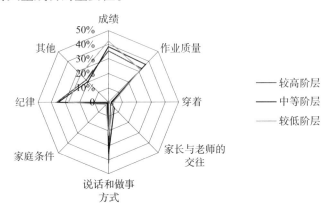

图4.10　不同阶层学生在影响教师对学生态度的因素方面的看法

（三）学习动机与师生关系

学习动机不强烈、强烈外部动机以及强烈内部动机的学生，他们在家庭财富和师生关系上存在显著的差异。"好好学习是为了让老师高兴"作为外部动机，其强烈程度在家庭财富（ $F = 4.03$ ， $df = 2$ ， $p = 0.018 < 0.05$ ）和师生关系（ $F = 14.56$ ， $df = 2$ ， $p = 0.000 < 0.001$ ）上均存在显著差异。强烈反

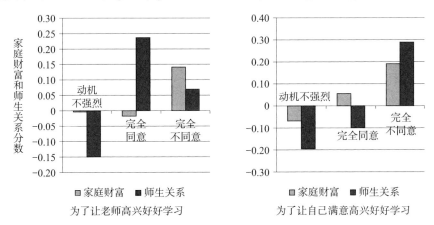

图4.11　学习动机与家庭经济条件的关系

对"学习是为了老师"的学生群体不仅家庭财富水平最高，师生关系也属于正向。持有"好好学习是为了让老师高兴"这一强烈外部动机的学生组家庭财富最低，但师生关系最好，这些学生为了让老师高兴努力学习，从而获得一个比较好的师生关系，克服自己家庭背景的缺陷。而学习动机不强烈的学生，家庭财富较低且师生关系最低。"好好学习是为了让自己满意高兴"代表了内部动机，内部动机强烈的学生，家庭财富水平和师生关系都最高。

学生学习动机的差异可以用阶层的社会认知差异来解释。低阶层群体由于掌握资源较少，对外部的依赖更强，倾向于认为自身的生活和发展状况主要受到了生存情境因素的影响，对社会事件更多归因于外部因素，而高阶层更多强调事物的内因（Kraus, et al., 2010）。高阶层群体拥有的资源相对丰富，控制感较高，对外部力量的依赖比较弱，能够更多地将自身生活与自己个人的特质和努力相联系，而不在意周边环境的影响（Kraus, Horberg, Goetz, & Keltner, 2011）。虽然外部动机和内部动机都有利于学生的发展，但是强烈外部动机的学生将学习动力捆绑在师生关系上，一旦师生关系出现波动就可能造成学生成绩下滑，因此，从学生的长远发展考虑，教师应帮助学生树立正确的内部动机，这样做可以提高学生的自信心，降低其对师生关系的敏感性。

第二节 家校关系的社会阶层差异

一、家校关系的测量与基本特点

（一）沟通交流与教育卷入

家长和教师关系质量评价指标有信任、互助、联系、支持、分享价值观、分享彼此看法、对对方的期望，以及分享对孩子的期望和看法（Vickers & Minke, 1995）。本研究采用学生报告方式采集数据，测量的是学生感知到的家长和教师之间的互动关系。重点从理解交流、家长的教育卷入、期望几个角度调查家长与教师的关系。例如,"家长和老师经常交流我在学校的情况""家长总是积极支持学校的要求""老师批评我的家长不负责任""家长有时听不懂老师的要求等",共计 8 道题目,四点计分,0 = 非常不同意,1 = 不同意,2 = 同意,3 = 非常同意。量表信度系数 Cronbach α = 0.696。

采用因子分析的方法计算家校关系值和维度,KMO = 0.789,巴特来球形检验系数在 0.001 水平上显著,说明家校关系适合做因子分析。方差累积解释率达到 49.45%,因子载荷在 0.639 ~ 0.780 之间。获取 2 个特征根大于 1 的因子,分别命名为沟通交流和教育卷入,两个因子的方差解释率分别为 33.48% 和 15.97%。最后,以因子的方差解释能力作为权重计算家校关系总分。教师和家长之间的交流理解情况比家长在孩子教育上的卷入更能影响家校关系的好坏,提示我们在改善家校关系方面,不仅要注意提高家长的教育卷入水平,老师管理孩子学习,更需要重视与老师的沟通交流质量。

(二) 家校评价的不一致性

家长认为自己很重视孩子的教育,而教师则批评家长不负责任,这种家长和老师评价不一致的情况在总体中占比 14.62%。在中、高阶层中分别占比 12.45% 和 13.42%,而在低阶层学生群体中这一比例达到 24.08%。可见这种情况更容易出现在低阶层学生群体。

家长觉得自己总是很积极支持学校的要求,而教师不这么认为,此类不一致占学生总体的比例为 13.55%。在中、高阶层中分别占比 11.25% 和 12.37%,而在低阶层学生群体中这一比例达到 23.04%。可见这种情况也更容易出现在低阶层学生群体。

二、家校关系的校际差异与阶层差异

(一) 校际差异的检验结果

将学校分为优质、中等和薄弱三类,分析发现,中等学校的家校关系总分以及沟通交流维度分数略高于优质校和薄弱校,教育卷入维度分数则是优质校最高,反映出优质校家长在重视孩子教育、支持教师的教育要求方面做得比较好，但在与教师的交流方面则没有中等校的家长做得好。薄弱校在总分以及各个维度上的得分都是最低（见表4.5）。但是，显著性检验结果显示，三类学校的家校关系及各个维度不存在统计学意义上的显著差异（见表4.6）。学校农村户口学生占比高低、进城务工子女占比高低对家校关系不存在显著影响，但是，这些指标在个体层面发挥了显著效应。

表4.5　不同学校等级的家校关系

		均数	标准差
家校关系总分	优质校	0.00	0.81
	中等校	0.04	0.81
	薄弱校	-0.03	0.88
沟通交流维度	优质校	-0.01	1.00
	中等校	0.06	1.02
	薄弱校	-0.03	0.99
教育卷入维度	优质校	0.02	0.97
	中等校	0.00	1.00
	薄弱校	-0.03	1.05

表4.6　家校关系的学校等级差异检验

		平方和	df	均方	F	p
家校关系	组间	1.140	2	0.570	0.827	0.438
	组内	1006.099	1460	0.689		
	总计	1007.239	1462			
沟通交流维度	组间	2.043	2	1.021	1.022	0.360
	组内	1459.957	1460	1.000		
	总计	1462.000	1462			
教育卷入维度	组间	0.744	2	0.372	0.372	0.690
	组内	1461.256	1460	1.001		
	总计	1462.000	1462			

（二）阶层差异的检验结果

家校关系存在显著的阶层差异，三个阶层在总分方面存在0.05或者0.01水平上的显著的两两差异。在沟通交流维度，中等阶层与低阶层在0.05

水平上差异不显著；在教育卷入维度，中等阶层与高阶层学生在 0.05 水平上没有呈现显著差异。在所有维度上，高阶层学生的家校关系均在 0.01 水平上显著高于低阶层学生（见表 4.7，表 4.8）。统计结果说明，家庭阶层越高，学生的家校关系总体上越好，家长和教师沟通交流比较顺畅，对孩子教育的重视程度和支持程度也比较好。

表 4.7　家校关系的阶层差异

		均数	标准差
家校关系总分	较高阶层	0.15	0.79
	中等阶层	−0.01	0.82
	较低阶层	−0.15	0.89
沟通交流维度	较高阶层	0.17	0.96
	中等阶层	−0.01	1.00
	较低阶层	−0.14	1.03
教育卷入维度	较高阶层	0.11	0.99
	中等阶层	0.01	0.99
	较低阶层	−0.18	1.03

表 4.8　家校关系的阶层差异检验

		平方和	df	均方	F	p
家校关系总分	组间	9.448	2	4.724	6.913	0.001
	组内	997.790	1460	0.683		
	总计	1007.239	1462			
沟通交流维度	组间	10.291	2	5.146	5.175	0.006
	组内	1451.709	1460	0.994		
	总计	1462.000	1462			
教育卷入维度	组间	8.676	2	4.338	4.358	0.013
	组内	1453.324	1460	0.995		
	总计	1462.000	1462			

农村户口学生的家校关系差于城镇户口学生，并且差异主要来源于沟通

交流维度，本地农村学生在 0.05 水平上显著低于城镇户口，以及外来农村户口学生；外来农村户口学生的家校关系及其各个维度与城镇户口学生不存在显著差异。在教育卷入维度，本地农村户口的学生仅与本地城镇户口学生在 0.05 水平上存在差异，与外来农村户口学生没有显著差异。本地农村户口学生不仅师生关系显著差于其他学生，家校关系方面也显著差于其他学生。外来农村户口学生主要是随迁子女，能够带孩子出去打工的农民也是农村中比较优秀的人，家庭条件一般好于留在农村的人。这个群体也较留在农村的人有能力用正确方式表达利益诉求，所以，我们在关心进城务工子女教育机会的时候，也需要关注留在农村没有出来的农民的子女的教育质量。由于样本数量较少，不将本地农村户口学生中的留守儿童与其他组进行差异检验，但其家校关系均值为 -0.31，师生关系也是最差的，因此，值得我们在后续研究以及工作中给予特别关注。

表 4.9　不同户口类型学生的家校关系

		均数	标准差
家校关系 总分	本地城镇	0.04	0.81
	本地农村	-0.25	0.84
	外地城镇	0.04	0.81
	外地农村	-0.01	0.86
沟通交流 维度	本地城镇	0.05	0.99
	本地农村	-0.30	1.00
	外地城镇	0.04	0.93
	外地农村	-0.01	1.02
教育卷入 维度	本地城镇	0.03	0.99
	本地农村	-0.15	1.02
	外地城镇	0.05	1.03
	外地农村	-0.02	1.01

表 4.10　不同户口类型学生家校关系的差异检验

		平方和	df	均方	F	p
家校关系总分	组间	10.859	3	3.620	5.336	0.001
	组内	985.598	1453	0.678		
	总计	996.457	1456			
沟通交流维度	组间	14.995	3	4.998	5.068	0.002
	组内	1433.036	1453	0.986		
	总计	1448.031	1456			
教育卷入维度	组间	4.442	3	1.481	1.482	0.218
	组内	1451.760	1453	0.999		
	总计	1456.202	1456			

采取 k－means 方法对家校关系进行聚类分析，分为 2 个组，可以发现母亲职业地位越高归类为组 1 的比例越高，随着职业地位下降，归类为组 2 的比例越来越高，这说明教师与家长的交往事实上是存在职业差异的。不同职业的人具有不同的职业特征，教师对这些职业特征的适应就会逐渐形成不同的应对模式。

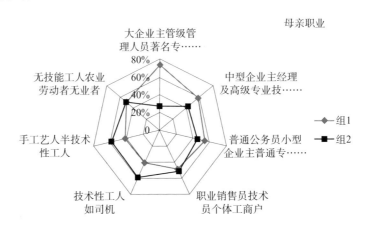

图 4.12　家校关系类别在母亲职业上的分布

（三）低阶层家校沟通障碍

无论哪个阶层，家长大部分都认为自己很重视孩子教育，积极支持了学校的要求，但是，教师还是倾向于批评低阶层家长不负责任（$\chi^2 = 8.569$，

$df = 2$，$p = 0.012 < 0.05$），只有 49.74% 的低阶层学生选择非常不同意"老师批评我的家长不负责任"。这与家长的理解能力有一定关系，23.68% 的低阶层学生认为家长有时听不懂老师的要求，这一比例比高阶层学生多了 7.5 个百分点。低阶层学生认为自己家长完全能听懂老师要求的比例比高阶层学生少了 10 个百分点，两个阶层在 0.05 水平上差异显著（$\chi^2 = 7.801$，$df = 2$，$p = 0.020 < 0.05$）。

家长与老师意见不一致时，一半的家长跟老师明说自己的意见，三分之一的家长顺从了老师的意见，接近三分之一的家长跟孩子分析老师的意见为什么不对。家长处理方式也存在些许阶层差异，较高阶层的家长对意见分歧的处理倾向于含蓄，有 17.36% 的高阶层家长不会在孩子面前评价老师的对错，比低阶层家长高了 6 个百分点。在向老师明说自己的意见上，高阶层家长的比例却比低阶层家长少了 6 个百分点。24.38% 的高阶层家长能够跟孩子说明老师为什么这么想，这一比例比低阶层家长高了 11 个百分点，但顺从老师意见的比例又比低阶层家长少。总体上，与低阶层家长相比，高阶层家长表达含蓄但更倾向于培养孩子分析问题的能力、换位思考的能力。

表 4.11 当家长与教师意见不一致时家长的做法

	反应百分比	被试百分比
在我面前不评价老师对错	7.55%	12.77%
跟老师明说自己的意见	32.68%	55.26%
向我分析老师意见为什么不对	16.99%	28.72%
在家里随便说一通	2.66%	4.50%
向我指出老师为什么这么想	11.62%	19.66%
顺从老师的意见	18.83%	31.83%
其他	9.67%	16.35%
总计	100.00%	169.09%

表 4.12　按家庭社会阶层分，当家长与教师意见不一致时家长的做法

	较高阶层	中等阶层	较低阶层
在我面前不评价老师对错	17.36%	12.05%	11.05%
跟老师明说自己的意见	52.89%	55.05%	59.47%
向我分析老师意见为什么不对	28.10%	30.03%	22.11%
在家里随便说一通	2.90%	3.99%	5.25%
向我指出老师为什么这么想	24.38%	19.74%	13.16%
顺从老师的意见	29.75%	31.60%	35.79%
其他	18.18%	16.13%	15.26%

三、家校关系对师生关系的影响

家校关系与师生关系具有较高水平的显著相关，家校关系各个维度与师生关系的各个维度也在 0.01 水平上显著相关。各个分维度的两两相关系数中，家校关系的沟通交流维度与师生关系的公平感维度相关系数最高（见表4.13），说明家长和教师之间沟通交流质量越高，学生的公平感也会越高，反过来也会促进家长与教师的沟通交流质量。

表 4.13　家校关系与师生关系的相关系数表

		家校关系	沟通交流	教育卷入
师生关系	Pearson Correlation	0.603**	0.559**	0.368**
	Sig. (2-tailed)	0.000	0.000	0.000
	N	1368	1368	1368
师生关系（公平）	Pearson Correlation	0.562**	0.538**	0.309**
	Sig. (2-tailed)	0.000	0.000	0.000
	N	1368	1368	1368
师生关系（支持）	Pearson Correlation	0.455**	0.347**	0.438**
	Sig. (2-tailed)	0.000	0.000	0.000
	N	1368	1368	1368
师生关系（理解）	Pearson Correlation	0.318**	0.307**	0.169**
	Sig. (2-tailed)	0.000	0.000	0.000
	N	1368	1368	1368

** 表示 $p < 0.01$。

　　家长与教师意见不一致时，家长的处理方式也会对师生关系产生影响。家长在孩子面前不评价教师对错的，其孩子的师生关系最好，分值达到 0.17（标准差 0.84）。家长在家里随便说一通的，其孩子的师生关系最差，均值为 -0.31（标准差 0.9）。顺从老师意见的群体，其孩子的师生关系却比向老师说明自己意见的群体差，这说明，当出现意见分歧时开诚布公是提高双方关系更好的方式。

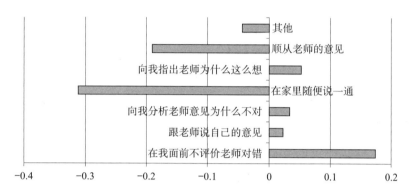

图 4.13　当家长和教师意见不一致时，家长的处理方式与师生关系分值

第三节　基于微观公平的环境优化

一、师生关系公平的性质和价值

（一）文化资本论的解释

　　本章研究证明，家庭所属社会阶层通过影响家校关系、师生关系，从而起到影响学生教育结果的作用。这种影响发生在师生日常教育教学的互动中，通过课堂提问、选派代表、分配任务、私下交谈、举手投足、一颦一笑等，一件件"小"事情逐渐控制了师生关系的走向，不知不觉中使学校里最重要的人际互动——师生关系产生了阶层差异。师生关系好坏不是一个单纯的道德问题，与学生家庭背景的影响密切相关。深入分析显示，低社会阶层的学生不公平感较强，有时无法理解教师表达的意思或者预测教师的情绪，更倾向于为了教师高兴而好好学习，在判断教师对他的态度的方式上也与高阶层学生不同。家长与教师的互动方式和质量也与师生关系显著相关，正如前文所述，国外的研究证明低阶层学生人际交往能力较差，而其父母也往往存在交往障碍。

与教育资源均衡配置、就近入学、升学机会等当下政府和社会普遍关注的教育公平问题相比，师生关系的公平是非常微观的、隐性的，还没有进入到政策视野。但是，师生关系同样是阶层再生产的环节，也影响着群众对各类教育政策落实的主观感受和评价。微观层面不等于无关紧要，师生关系反映了各阶层与代表了主流文化的教师交往的一种集体意识，低社会阶层学生与教师交往的集体意识同样会影响社会的稳定。

布迪厄的文化资本论解释了各个阶层的社会行为，对教育、生活方式的分析说明了知识社会的社会资源再分配、等级秩序划分的特征。用习性、资本、场域来解释文化资本如何影响了人的发展。

"'倾向'这个词看起来更适合表达惯习（habitus，也有人译为习性），这个概念传达的东西——习性被界定为倾向系统。它首先表达的含义是一种组织化行为的结果，与结构的意义相近。它也指一种存在方式，一种习惯性的状态（尤其是身体的状态），特别是一种嗜好、爱好、秉性倾向。"❶ 在功能上，"条件制约与特定的一类生存条件相结合生成习性。习性是持久的、可转换的潜在行为倾向系统，是一些有结构的结构，倾向于作为促结构化的结构发挥作用，也就是说作为实践活动和表象的生成和组织原则起作用，而由其生成和组织的实践活动和表象活动能够客观地适应自身的意图，而不用设定有意识的目的和特地掌握达到这些目的所必需的程序，故这些实践和表象活动是客观地得到'调节'并'合乎原则'，而不是服从某些规则的结果，也正因为如此，他们是集体地协调一致，却又不是乐队指挥的组织作用的产物。"❷ 习性是后天习得的，来自家庭以及与自己所处的社会群体的共同的社

---

❶ 郭海青. 试述布迪厄关系主义视角下的场域惯习理论 [J]. 武陵学刊, 2008, 33（5）：45-48.
❷ 皮埃尔·布迪厄. 实践感 [M]. 南京：译林出版社, 2009：73-74.

会经验，使行动者根据他们的资源和过去的经验选择最可能成功的行为方式，而且这种选择往往是潜意识的，是内化了的行为倾向。通过指导人们什么能做和什么不能做，习性生产了社会的区隔。习性决定了师生双方在互动过程中采取什么应对方式，双方惯习存在较大差异时区隔就产生了。

习性总是存在于由社会成员按照特定的逻辑要求共同建设的场域中。具体说，场域就是现代社会世界高度分化后产生出来的一个个"社会小世界"，是一个相对独立的社会空间，由客观关系构成的系统，而不是实体系统。布迪厄说："'现实的就是关系的'，在社会世界中存在的都是各种各样的关系——不是行动者之间的互动或个人之间交互主体性的纽带，而是各种马克思所谓的'独立于个人意识和个人意志'而存在的客观关系。"❶ 一个场域的结构可以被看作不同位置之间的客观关系的空间，这些位置是根据他们在争夺各种权力或资本的分配中所处的地位决定的(155)。争夺者的策略还取决于他们所具有的对场域的认知，而后者又依赖于他们对场域所采取的观点，即从场域中某个位置点出发所采纳的视角(139-140)。布迪厄以阶级为例："属于同一个阶级的许多人的惯习具有结构上的亲和（structural affinity），无需借助任何集体性的'意图'或是自觉意识，更不用说（相互勾结的）'图谋'了，便能产生出客观上步调一致、方向统一的实践活动来。"(169)

师生关系也是一种场域，表达了一种社会空间，这个空间中来源于不同阶层的学生依据其所拥有的资本和群体经验，采取符合自己本阶层的习性与教师互动，由于不同阶层的习性差异从而导致师生交往方式的阶层差异。场域中的资本包括经济资本、文化资本和社会资本，各类资本决定了学生的教育准备和支持。研究结果显示，家中图书较多的学生，有更好的师生关系。这是因为读书符合教师提出的教育要求，阅读教师要求的书目也使学生与教师产生共同语言。

（二）自我损耗理论的解释

自我损耗理论采用心理学的方法对贫困人群研究，更为深入地解释了不

---

❶ 皮埃尔·布迪厄，华康德. 实践与反思——反思社会学导论［M］. 北京：中央编译出版社，1998：133，139-140，155.

同阶层的人的社会行为的差异，揭示了贫困状态对人的情绪、思维和行为方式等影响的心理机制。"自我的活动消耗心理能量后引起执行功能下降的过程称为自我损耗，自我损耗是生活中诸多的适应不良现象的原因之一"。❶ 自我活动都会消耗心理能量，某个领域消耗较多能量，其他领域会出现能量不足的状况（Baumeister, et al., 1998）。贫困状态导致贫困人口心理资源有限，而心理资源有限则会被损耗更多，妨碍人们做出理性的决策，这些低能表现又进一步加剧了或者持续了其贫困状态。曼尼等（Mania, et. al., 2013）假设贫困状态阻碍了认知功能的正常发挥，并且设计了一个实验室实验和一个田野实验检验这一假设。在实验室实验中，研究者要求被试想象自己遭遇若干个特定的经济事件（例如花钱修车），这些经济事件根据支出分为"简单"或"困难"两个等级（例如，修车要花费 150 美元或 1500 美元），被试思考应对方法，随后接受瑞文氏标准推理测验（RPM）与空间协调性测验。前者检验逻辑思维和解决新问题的能力，后者则检验认知控制力。实验结果显示，简单事件中高收入和低收入被试的两项测验表现没有显著差异。但在遭遇困难事件时，低收入的被试认知能力显著下降，而高收入者能够保持原有的表现。田野实验测试了印度甘蔗种植区 54 个村落中 464 位蔗农在丰收前后的认知功能差异。发现，同一批农民在收获后，瑞文测验的正确率、认知控制测验的反应时和正确率均显著优于收获前。研究团队提出注意力转移也许是最能令人信服的解释机制，即贫困所引起的注意力消耗导致人们花费在其他事物上的认知资源被削减，使贫困者处理其他事物的能力减弱。个体的注意力是有限的，由于某些问题吸引了个体的注意力，从而导致他们忽视了别的问题。低社会阶层的学生对各类资本占有的匮乏也可以占据他们的注意力，引导注意力集中于所匮乏的资源方面，从而形成"借贷"该资源的心理倾向，而忽视这种借贷的成本是否超过其收益；资源的匮乏会使个体产生相关的认知机制，从而改变人们观察事物和做出决策的方式。例如，处于饥饿或口渴

---

❶ 谭树华，许燕，王芳，宋婧. 自我损耗：理论、影响因素及研究走向［J］. 心理科学进展，2012，20（5）：715－725

状态的人们更容易将注意力集中到与食物和饮料相关的线索上（Radel &
Clement – Guillotin，2012）。

有研究发现，私立大学中的中产阶级学生会因社会经济地位较低而产生
压力，对自身能力产生怀疑，应对、调整这种状态会使学生付出较多的心理
成本。研究还显示学生的社会经济地位与自我调控的成功程度显著正相关，
而自我调控的成败是心理能量充足与否的重要标志之一，而且在实验室研究
中，中产阶级学生自我损耗的后效显著高于经济地位较高的学生（Johnson，
Richeson，& Finkel，2011）。可能是因为中产阶级学生将较多的能量投入到应
对经济差异导致的压力事件上，使其他领域的能量不足。

自我损耗理论不仅解释了不同社会经济地位学生在师生关系中判断方式
的差异，也可以用来解释家校关系中家长对自身社会地位的关注，以及学生
的学习动机，例如，低阶层学生更倾向于为了讨老师欢心而好好学习。加拿
大（Robinson，Mcintyre，& Officer，2005）的一项研究分析了贫困儿童的
"感受经历"以及这种经历对健康同伴关系的意义。研究发现贫困儿童将社
会资源的缺乏内化为被剥夺感，觉得自己是穷人，感到尴尬、受伤害、被捉
弄、无所适从。儿童多会将自己定位或者归类到某个群体中，但一般不会将
同伴关系作为一种社会资源，即使认识到群体作为社会资源的意义，也会将
其视为社会隔离的象征。

（三）微观公平的价值

师生关系、家校关系反映了社会分化对学校教育的渗透，其中涉及的公
平问题表现在人际互动中，属于微观领域，对社会的稳定和发展的作用却同
样不可小觑。学生感知到的师生关系不公平现象不论是客观的不公平，比如
被歧视，还是学生自己认知判断的原因，当师生关系的感知出现阶层性的群
体差异时，就会形成集体态度倾向进而控制社会舆论。师生关系的不公平现
象将加深低阶层群体对处境的不满，从主观上、客观上进一步恶化其处境，
抵消政府为推进社会公平所付出的努力。因此，微观领域的公平其价值不亚
于义务教育均衡发展政策、各类资助政策。义务教育免费、农村和贫困学生
各类补助不断提高，但师生关系在教育公平的最后一里路上影响了受助者的

感受。学生的感受，尤其是低阶层学生的感受不仅影响其个人的发展，也关乎社会发展和稳定。让人民群众有获得感，这种获得感不是单纯靠给予福利就能产生的，给予的过程是不是能够让人民群众体验到政府的善意也是非常重要的。对新闻报道中多起报复老师的事件的分析发现，教师管学生多出于善意，学生却理解为恶意、歧视。教师在学生和家长面前是政府代言人，传递着政府规定的国家课程和主流价值观，当家长和学生对教师出现心理抗拒时，教师的言传就丧失影响力。义务教育即使是免费的，家长和学生也不会买账。

研究结论提示我们，教师和学生是处于一定阶层的个体，教师的一个行为对不同阶层的学生的有着不同的意义。改进师生关系必须在社会分化背景下考虑学生家庭特征，才能够从根本上寻求解决方法。

二、全面实现教育公平的敏感点

（一）阶层差异的日常关照

我们的数据分析显示，低社会阶层家庭学生感知的师生关系质量显著低于其他阶层的学生。低阶层学生的不公平感较强，认为自己的参与机会也比较少。访谈的结果也证实了低阶层学生由于各种原因，比如没有条件在课外上培训班学习文体技能，在参与学校组织的活动时机会就会比较少。低阶层学生的不公平感、师生关系较差部分是客观原因造成的。对于家里经济条件是否限制了家庭作业的完成，比如需要上网查找资料等，较高阶层的学生中只有26.47%表示同意，中等和较低阶层学生表示同意的比例分别为31.34%和39.15%。比如，学校乐队需要进行课外练习，而低收入家庭没有能力给孩子购买乐器，就需要学校能够提供器材带回家练习。某公立打工子弟学校教师反映，在各种比赛中他们从来都没有希望获胜，就连体操表演也因为他们的学生没有钱购买整齐漂亮的统一服装而得分较低。这种死板的评价方式极大打击了师生的积极性。

这提示我们的学校和老师在组织活动、课堂提问等各个方面要多加注意，考虑是否保障了低阶层学生的机会，是否加重了其不利处境。目前，我国高等院校在这方面做出了优秀榜样，从生活和学习的多个方面关注贫困生的需求，例如，通过食堂就餐记录信息悄悄关注贫困生是否去吃饭、是否吃饱，既能及时给予贫困生帮助又能避免直接询问对学生的伤害。地方教育行政部门、学校管理者在决策时应时刻考虑社会阶层差异是否得到了关照。教育投入应考虑学校生源背景，越是低阶层学生多的学校越应获得更多的经费支持，通过丰富公共资源来弥补家庭资源的不足。

（二）教师阶层敏感性的培养

低阶层学生的发展障碍有一部分原因与教育工作者缺乏敏感性有关。访谈中发现，在一所失地农民子女较多的学校里，一名学习优异的初三女生由于家庭贫困，中考时故意放弃了一部分考试，错过上市重点高中的机会转而去上职高。从校长到任课教师都后悔没有早点意识到这个学生需要帮助，学校也从没有向学生普及过社会援助、政府救助等各类信息。师生互动中的误解也与双方的生活环境等因素带来的认知差异有关，在社会阶层复杂化的当代，教师如何应对不同背景的学生，使其保持健康交往关系是值得关注的问题。

我国在教师培训和职业要求方面更多关注教学技能和道德建设方面的内容，教师应对社会阶层多样化的正确认知和行动策略的研究和培训则有待加强。教师是教育公平的践行者，但培养教师在教育公平中发挥作用的课程却处于空白状态。美国也是一个社会分化较严重的国家，为了提高教师应对学生阶层多样化的问题，在教师培养中设置了必修课。例如，北科罗拉多大学教师专业的教育心理学贫困儿童专题课程要求学生能够实现以下课程目标❶：

- 概要地了解历史上、当代的以及最新的儿童发展跨学科研究中有关经济贫困儿童需求和发展的研究。

- 理解贫困给儿童造成的压力的有关研究，包括，压力来源、与有

---

❶ 感谢北科罗拉多大学 Teresa McDevitt 教授提供的资料，该教授为本课程的讲师。

害压力相关的心理因素、教育教学为消除这些压力的即时效应和累积效应所付出的努力等。

● 了解美国以及国际社会消除儿童贫困项目的主要类型。

● 回顾美国近几十年来，对贫困儿童面临的挑战所做出的回应，区分哪些方法已被证明能够有效地支持贫困儿童，哪些不能。

● 综合使用几十年来儿童早期干预研究的方法、课程中习得的知识设计一个经济高效的贫困儿童教育模型。

● 师范生应学习有关公平主题的文献，要知道应该怎样创造和维持一个公平的学习环境，消除哪怕最微小的歧视。师范生应能够识别歧视和不平等，能够对歧视和不平等做出即时、合理的反应，进而减少歧视和不平等现象。

师范生应能够认识到，

享有公平的教育机会的权利是普世价值，贫困人口内部也是多样化的；教师的价值观，包括对贫困人口的歧视和偏见，能够预测教师在教育教学中怎样教和怎样对待贫困人口；如果教师不能理解贫困人口所经历的歧视和不平等，就不能理解贫困和教育的关系。

对待分数方面，该课程教授认为，

测验分数不足以表现公平状况，教育中的阶层差异是不公平的结果而不是文化差异的结果；一个具有促进公平能力的教育者，对低收入家庭和学生从抗逆的角度而不是作为缺陷的角度对待其贫困状态；不可剥夺的公平教育机会包括享有高期望的权利、高质量的教育教学，以及有吸引力的课程。

三、赋能授权提升学生公平感

（一）人际交往能力的教育

低阶层学生表示听不明白老师表达的意思的比例比较高，说明低阶层学生在与教师交流方面存在障碍。本研究还发现低阶层学生在判断影响教师对其态度的因素时首选成绩，而中等和较高阶层学生都比较重视自己的说话做事方式所产生的影响。说明低阶层学生对人际交流的重视不够，并且不能正确归因。同一所学校同一年级被访谈的学生中，家庭条件较好的学生普遍说话大胆自信，勇于纠正老师的错误和表达对老师的不满之处，并提出建议。而家庭经济条件最差的一组学生表现得非常安静，个别学生鼓足勇气对问卷中存在的问题提出修改建议，语气却十分小心谨慎。

低阶层家庭的学生在人际交流方面的家庭教育存在不足，教师在与较低阶层的学生交流时应多加注意学生是否真正明白了自己的表达。对低阶层学生进行补偿教育不应仅限于学业的辅导，在与学生朝夕相处中还要关注低阶层学生的人际交流能力的培养，增进其与同学的相互理解，减少同学之间的误解和冲突。

（二）家庭支持能力的干预

教师在教学上或多或少会受到学生家庭背景的影响，感到困扰较大的教师其班级学生的家庭条件往往最差。例如，家庭贫困、家长不关心学生学习等，给教师工作提出了挑战。将来的研究将深入分析这些教师是否需要付出更多时间、受到困扰的教师与家长和学生的沟通频率、家长与孩子沟通情况等。访谈时发现，当教师觉得家长把教育责任完全抛给他时，会感到压力增大，产生挫折、烦躁的情绪，这种负面情绪显然不利于健康师生关系的培养。从以往研究结果看，低收入家庭学生的父母与教师和学校的积极关系比较少见（Boethel，2003；Hamre & Pianta，2001；Ladd，et al.，1999）。教师和校长倾向于将少数族裔父母的低卷入行为归因于缺乏合作的动机、缺乏对孩子学习的关注、对教育的价值评价较低（Clark，1983；Lopez，2001）。教师对少数族裔父母在他们孩子学校教育方面卷入少的归因和看法，对他们与少数族裔父母的交往频率和质量都有负面影响。本研究发现，低阶层家庭的家校关系也处于较差的境地，相对较高比例的家长不能理解教师的表达、对矛盾冲突的处理方式不当。这与以往的研究结论是一致的，不能正确处理冲突的学生，其家长也往往存在人际交往技能的缺陷。

　　加强家庭的教育支持能力包括两方面的内容，一方面是提高家长的教育能力，另一方面是提高家庭的资源水平。例如，英国政府出资促进儿童的家庭教育、家长职业技能发展、督促家长关注儿童学校表现，政府出资为学业落后学生进行补习，而且制订了一项针对弱势群体子女的教育帮扶计划，使27万低收入家庭获得免费的笔记本电脑和宽带接入服务。这些经验都是值得我们学习的。

　　我国的家长学校多数由孩子所在学校建立，这些家长学校往往局限于要求家长对教学进行配合，忽略了家长学校真正的功能——教育家长怎样更好地承担家长职责，陪伴孩子成长。有的家长对学校的各种各样要求产生抵触情绪，认为学校是为了教师方便才如此要求家长。低阶层家庭文化资源不足，没有能力给孩子提供课外教育或者作业辅导，社区应以公共服务的方式进行补偿。秉承弱势优先的原则，通过优先在低阶层家庭聚居区建立社区图书馆、文化活动中心等措施，为低阶层家庭的孩子提供课外辅导。

第五章　从阶层分化看留守儿童处境

随着进城务工人员随迁子女入学机会和升学机会得到保障，农村留守儿童成为当前义务教育阶段规模最大的弱势群体。与父母长期分离，亲情缺失，家庭教育弱化，留守儿童的生活质量、身心健康状况、成长环境均劣于受父母监护的儿童（全国妇联，2013）。"留守"在英文中为"left behind"，这个词语本身就表达了留守现象是有问题的，其含义是错过了移民或者流动的际遇，或者父母不愿意带在身边，在某种程度上被遗弃（Yeoh，2007）。留守儿童现象的产生与经济发展阶段有关，也显示了社会阶层逐渐固化的背景下，农村底层家庭对阶层差距的焦虑。留守儿童现象同时也体现了农村社会的阶层分化，留守儿童与随迁子女的父母同为农民身份的流动人口，但留守儿童与随迁子女的父母在职业、学历、家庭教育方式等方面差异明显，留守儿童本身的发展水平也显著低于随迁子女。双亲外出的留守儿童长大后上大学的概率比父母在家的农村儿童、随迁子女都低（刘成斌，2013），留守儿童初中辍学率也最高（段成荣，周福林，2005；叶敬忠等，2006；刘成斌，2013）。辍学意味着留守儿童将继续重复父辈的道路，父母的付出和儿童的留守不仅没有带来家庭社会地位的提升，新生代农民工还将背负着童年亲情缺失的阴影。留守儿童作为义务教育的服务对象，其福祉是义务教育的责任，打破留守的代际传递也是各类教育应承担的职责。❶

---

❶ 本章有关留守儿童和随迁子女的对比数据源于大规模问卷调查，案例数据和资料源于实地调研。

第一节　农村留守儿童的处境

本节依据初中留守儿童和农民工随迁子女的问卷调查数据、访谈数据、网络数据，分析留守对儿童发展的影响。问卷调查涉及 2200 名初中学生，其中男生占比 47%；留守儿童占比 36.5%，随迁子女占比 63.5%。

一、农村留守儿童的发展状况

（一）学习兴趣较差，持坐等心态

大部分留守儿童和随迁子女都愿意去上学，但是，留守儿童选择"上学高兴"的比例较低，为 53.77%，比随迁子女低 6 个百分点，"不想上学"的比例有 3.16%，随迁子女不愿意上学的比例只有 1.75%。

在学习兴趣方面，留守儿童表现也较差，对学习有兴趣的比例为 50.49%，比随迁子女低 6 个多百分点，对学习没兴趣的比例有 4.26%，比随迁子女高 3 个百分点。留守儿童课外平均学习时间少于随迁子女，平时作业时间每天平均少 0.2 小时，周末作业时间平均少 0.6 小时。某男生两年多一点的时间在网上发帖 4 万，"感觉根本不想读书，就想跟父母在一起，读书也没心思"。

欧洲的研究也发现了相似的结果，年龄小的孩子不明白发生了什么事情，以为父母永远消失了。青少年则会逐渐形成没有任何目的的"坐等"心态，等父母的回归，电话成了某些孩子的生活重心。也有些孩子形成没有根的心态，等着父母把他们带走，等待过程中把自己封闭起来，避免交友与其他人建立亲密关系（Ruin，2014）。

（二）对自己的要求和期望不高

留守儿童对自己未来很有信心的比例为 23.84%，而随迁子女选择很有信心的比例为 31.32%。留守儿童对自己成绩不满意或者非常不满意的比例为 32.36%，随迁子女的这一比例则为 44.36%。还有 8.52% 的留守儿童对自己的成绩持有无所谓的态度。

留守儿童期望自己将来能获得较高学历的比例也低于随迁子女。35.16%的留守儿童觉得自己将来能够读到高中、中职或者大专就可以了，随迁子女选择"读大学及以上学历"的比例则高出留守儿童 12 个百分点。两个群体的儿童中均有 16% 的人对未来没有信心、说不清或者没想过。

质性数据分析也支持了问卷调查结果，一部分学生异常努力学习希望将来能改变社会地位，让自己的下一代不再像自己一样被留守，也有一部分对未来不抱希望。"别多想了，留守儿童长大后都是这样。""我才刚上初一，但心理和那些大学的哥哥一样，心如死灰。""好几次我打算放弃自己，我曾经有一次打电话给我妈，哭着，没有希望，但我又不懂说什么，然后我挂了电话。"

（三）感知的同伴关系状况不良

留守儿童认为自己的人际关系较差。觉得"同学对自己关心友好"的留守儿童的比例相对较低，选择同学经常表示友好的比例为 64.72%，比随迁子女低 5 个百分点。在选择"同学不理睬自己"的比例上，两个群体差异更大，留守儿童选择"从不"的比例为 34.43%，比随迁子女低了 19 个百分点；留守儿童中有 54.01% 报告自己从未受同学欺负嘲笑，而随迁子女中的这一比例为 72.18%，二者相差 18 个百分点。

从质性数据看，留守儿童普遍缺乏安全感、自卑、敏感。"我们每个人都找不到安全感，只有自己给自己安全感。""因为父母不在家，被欺负很正常。"一位姐姐评论弟弟，"当爸妈都在他身边时他跟小伙伴们玩耍都有底气点，兴奋度也好点。""我怕被人嘲笑、排挤。每次室友们谈论在家里爸妈怎么怎么样的，我只是笑笑不参与。这有什么办法。""我从来不和朋友们讲我家里的情况，也不会表达内心想法。我渴望别人的关注，却又该死的敏感、自卑。"留守儿童对自己的同伴关系和人际环境的评价不高，有可能与留守身份带来的自卑、敏感有关。

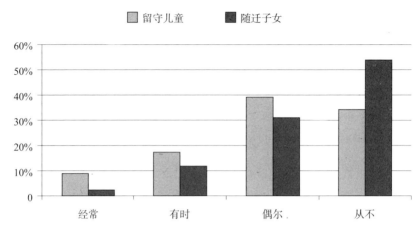

图5.1 选择"同学不理睬我"的比例

留守儿童还面临着社交无能的问题，缺少与他人建立亲密关系的能力和方法，对将来自己建立家庭会产生更多的恐惧。父母源源不断邮寄回来的钱和礼物使孩子误以为爱要靠礼物来表达（Ruin，2014）。上一章的分析发现，留守儿童的师生关系比城镇儿童、随迁子女、本地农村儿童等群体，都要差很多。相比学习成绩，留守儿童的社会性发展更需要成人的关注，否则将妨碍留守儿童未来形成幸福感，对社会稳定、和谐发展也不利。

二、留守男童的相对弱势地位

对2014年进城务工人员随迁子女的性别比（男/女）进行分析，发现这个群体的性别比高于留守儿童，说明农村父母带孩子外出还是有性别倾向的，并且学段越高性别比越高（见图5.2）。这个分析结果与全国妇联2013年发布的《我国农村留守儿童、城乡流动儿童状况研究报告》的结论是一致的。但义务教育结束后，女孩在随迁子女中的比例上升。该报告认为这是农村父母的重男轻女观念造成的，让男孩享用较好的生活和教育条件，让女孩早早就业，缩小了女孩向上发展的空间。或许有部分家庭存在重男轻女的倾向，更愿意带男童到城市就读。对留守儿童发展的性别分析结果显示，男童随迁比例高的原因或与留守男童受困扰更多有一定的关系。

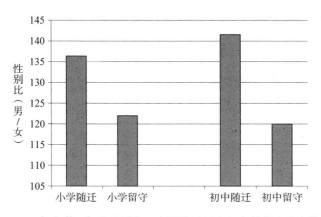

图 5.2　2014 年小学、初中进城务工人员随迁子女和农村留守儿童性别比❶

留守女童面临较大的安全压力，而男童则面临较多的问题行为和心理上的困扰。留守男童对学习有兴趣的比例只有 45.52%，对学习没兴趣的比例在所有群体中最高；只有 30% 的留守男童本学期没有经历过同学不理睬他，比随迁女生低了 27.81 个百分点，比随迁男童低 17.63 个百分点。在觉得同学对自己关心友好方面，留守男童和随迁男童反应大致相近，选择"同学对自己关心友好"的比例为 61.32%。在受同学欺负嘲笑方面，留守男童选择"从未"的比例为 44.58%，比随迁女童低了 34.66 个百分点，比随迁男童和留守女童也低 20 多个百分点。

留守儿童和随迁子女中选择"考试没考好时家长会安慰、鼓励"的比例相差 7 个百分点，选择"指责惩罚"的比例相差 5 个百分点。但是分性别看，留守男生获得安慰和鼓励的只有 62.5%，比随迁男童低 10 个百分点，比留守女童和随迁女童分别低约 16 个和 19 个百分点。被指责、惩罚的留守男生比例也最高，达到 32.55%，高出随迁男童 7 个百分点，高出留守和随迁女童 14～16 个百分点。20% 的留守男童对学历的最高期望是上完高中，教育期望远远低于其他群体。

对墨西哥的留守儿童的研究发现，留守对男童出勤率有一个较小、但是显著的负面影响，而对女童的出勤率没有显著效应（McKenzie & Rapoport,

---

❶　依据《中国教育统计年鉴 2014》计算。

2006）。

调研中也有教师反映，男童为了让父母回来看望他们，更有可能不断违反纪律，逼迫父母回来处理。也有家长担心男童逃学、结交不良朋友、染上恶习等问题，而不得不将男童带在身边。女童则因为乖巧、不惹事，更有可能被父母放心地留在家乡。

三、留守儿童的被"抛弃"感

将孩子留守在家乡自己外出打工能够给家庭带来较高的工资性收入，留守儿童的父母多认为自己外出打工是无奈之举。一位青年父亲说，他爷爷住院家里借了十几万外债，爸爸还有腰疼的老毛病，家里虽说不至于衣不蔽体但也捉襟见肘。孩子妈妈每次打电话娘俩一起哭。有的留守儿童表示理解父母的不易，"我好想爸妈，每次分离都好伤心，昨天刚刚从他们那儿回来，我想让他们安心，就装成高兴的样子，上火车以后哭了整整一个晚上"。

让孩子留守在家乡严重损害了亲子关系。很多留守儿童认为父母不负责任地"抛弃"了他们，能生不能养或者爱钱不爱他们，认为父母即使穷到乞讨也不应丢下孩子不管。"在钱与我之间，我希望你们选择我，而不是钱""都说为了孩子，这借口真好""他们都说是为了改善生活，但是生活已经改善得不成样子了""房子和教育花费足有 20 万了，只是旧房子一推，新房子一盖，那一刻，心一痛……感觉失去了什么。"有少年评价父母外出打工现象，"你为了他去外地工作，你除了给他物质上的满足，其余的都没有！他会变得孤僻、变得怯弱、变得无理。你挣钱给他为了什么，是要他养成健全的人格，还是仅仅为了改善生活？""很多父母口口声声说一切都是为了孩子的将来，却忽略了孩子的现在。在成长最关键的那几年，少了父母的陪伴和关爱，还谈什么未来。"多个儿童表示将来父母老了，他们出去打工挣钱支付父母进养老院的费用，这样对于双方才公平。从年龄特征看，低龄儿童内心强烈思念父母，青春期阶段的孩子开始对父母暗暗怨忿，年长了解父母工作以后开始对社会不满。

第二节　留守现象的普遍性和长期性

一、不发达国家留守现象普遍

留守儿童现象不仅在中国存在，在其他发展中国家也普遍存在，既有大量父母去国外就业的留守儿童，也有大量父母去本国其他地区做工的留守儿童。例如，马里农村地区80%的家庭有人在外做工，南非农村地区的这一比例达到40%。2005年，菲律宾人口普查数据显示，150万的菲律宾母亲、100万的父亲居住在国外，占全国家庭的16%，按照每个家庭平均3个儿童的标准计算，有800万留守儿童（Coronel & Unterreiner，2005）。

Cortés（2007）对已有关于发展中国家留守儿童的研究进行元分析发现（见表5.1），父母外出务工对留守儿童的影响在各国表现是不完全一致的，在某些国家，例如菲律宾，父母赚来的钱不仅增加了孩子入学机会，并且更有可能使孩子进入质量好的学校。但多数情况下亲子分离会给孩子成长带来较多问题，墨西哥父母外出打工对留守儿童的情感是巨大打击，影响了他们的学习和发展，孩子在学校制造麻烦、胆小、退缩。墨西哥留守儿童存在的辍学和犯罪现象也引起媒体的高度关注，有校长表示一个班级73个学生中有10个父母双方都不在本地，对他们的教学影响很大（Lulu，2006）。

表5.1　父母外出的影响文献元分析结果

父亲外出	女性成为家庭的决策者和顶梁柱并且贫困； 对孩子教育或福利有影响； 家庭比较脆弱； 在家庭生活中的作用就是补贴
母亲外出	对孩子的心理和社会性发展方面产生不利影响； 孩子的健康和教育有影响； 孩子受到伤害； 对当地性别比产生影响； 家庭破裂

续表

父母双方外出	对孩子的福利、健康和教育均有影响； 祖父母或者其他亲属负担加重

来源：Whitehead, A & I. Hashim (2005). "Children and migration". Paper presented as background for the DIFD migration team, March.

这些不发达国家的留守儿童问题也得到本国社会和国际社会的关注，但是，这种关注度很难与中国农村留守儿童的关注度相比。原因主要在于社会发展的不同阶段以及国家在国际社会中的地位。这些国家还有其他更严重的社会问题亟待解决，例如饥饿、毒品、艾滋病、高犯罪率等。中国留守儿童绝对数量庞大，并且国际社会对中国经济发展的需求，吸引了国际社会的高度关注。从国内角度讲，虽然农村留守儿童数量呈下降趋势，绝对数量由2009年的2224.24万下降到2015年的2075.42万，留守儿童数占农民工子女数的比例也呈下降趋势，"留守率由2009年的69.05%下降到2014年的61.58%，下降了7.47个百分点。"（邬志辉，2016）留守儿童问题在我国得到前所未有的重视。这与我国社会发展阶段有关，一方面从政府到社会对人的权利和社会保障的重视程度不断提高，另一方面，由于经济实力的积累，国家更有能力和精力关注留守儿童问题。留守儿童问题从根本上来讲不是教育问题，而是社会的一个综合问题，也是缩小我国地区经济发展差异、城乡经济差异、社会保障的身份差异等问题的突破口。

二、留守的长期性与欧洲经验

欧洲国家的跨国留守现象提示我们，留守现象具有长期性特征。联合国儿童基金会的数据显示，摩尔多瓦2011年约有10万父母单方或者双方为了生计去其他国家工作，其中10%是双方都在国外（Yanovich，2015）。根据世界儿童基金会保加利亚办事处的调查，2014年，保加利亚26%的未成年人父母一方或者双方去国外务工（Children Left Behind，214）。土耳其70%的少数民族家庭有成员在外务工（Vdovii，2014），立陶宛大约有1万~2万的留守儿童，绝对数量比罗马尼亚少但所占比例较高（Ruin，2014）。2014年，据世界银行的估计，立陶宛外出务工人员向国内寄回的钱约 2 亿美元，占 GDP 的四分之一，乌克兰国外务工人员邮寄回国的钱约 9 亿美元，占 GDP 的 5.4%（Yanovich，2015）。

罗马尼亚的留守儿童数量在欧盟国家中是规模最大的，面临着许多与中国相似的问题。一方面父母在发达国家努力工作赚钱，让家里能够建起漂亮的房子，使孩子能够上好一些的大学，能够为孩子买得起电脑，支付补习班的费用，支持孩子出国旅游；另一方面留守儿童在享受物质改善的同时，也经历着孤独、抑郁、无助等情感问题。有研究发现，留守儿童的犯罪率高于非留守儿童。还有些父母长期在外工作重新组建了家庭。从 2009 年开始留守儿童成为罗马尼亚媒体的一个重要话题，媒体将留守儿童称为"被遗弃"的孩子。导火索是三个留守儿童分别因为父母缺位而自杀，更多的媒体参与到留守儿童问题的报道中，谴责父母不负责任。罗马尼亚也有移民专家认为，父母外出务工利大于弊，能够提升下一代的社会经济地位，留守儿童自杀这些个别现象被媒体谋利的需求而夸大（Vdovii，2014）。

欧洲国家采取一系列行动保护留守儿童权益。

加强儿童权益保护的法治建设。 2007 年，立陶宛设立了法律，父母外出必须向当局报告委托监护人是谁（Vdovii，2014）。2013 年，罗马尼亚议会通过了儿童权利保护与提升法案。规定父母离开当地去国外工作必须向当局报告，并且要在出发前 40 天获得法官对孩子委托监护人的许可，如果违法将被罚款 115～230 欧元。这条规定并没有很好地实施下去，第一个知道父母离开的往往是学校，而法案中学校的作用被忽略了（Vdovii，2014）。

实施监测和督查。 罗马尼亚成立了儿童权利监测部，可惜这个监测系统没有能够很好地发展起来，目前信息收集限于严重违法和弱势儿童，未来将覆盖所有 18 岁以下人口，根据儿童权利公约进行各个指标的监测。建立一个跨部门的协作委员会，并为所有与儿童工作有关的部门、儿童工作部门的人员提供专业培训，特别是法律部门、教师、卫生保健、社会工作者、托儿机构、媒体等。立陶宛成立了儿童权益督查员，提高对儿童的法律保护，捍卫儿童的权利和合法利益，对依据国际和国家法律规定的应为儿童提供的合法利益进行监督。监察员有权展开调查，可以要求相关部门立刻提供信息、材料和说明等，有权成立工作小组和委员会起草法律和建议，通知共和国总统、议会、政府或其他管理机构、企业或组织有关违反法律的行为或任何不足之处、与法律矛盾之处、没做到的地方等（Azzini，2011）。

加强社会工作力度。立陶宛全国有 172 个儿童中心，孩子们放学以后如果不想回家可以去那里学习和活动，尤其是留守儿童放学后不想回家，不想与祖辈或者其他委托监护人待在一起，儿童中心为他们提供了一个相对独立的地方。但是，10 来岁的孩子不愿意去，因为去那里的孩子多数属于小学阶段，从 2005 年以来，在挪威政府和欧盟帮助下开了 10 个面向 10 来岁孩子的青少年中心，放学后青少年去那里会见朋友，一起活动，向能够认真倾听他们心声的成年人诉说情感，排解困扰。这些儿童、青少年活动中心由社会工作者负责管理，中心不仅负责提供活动机会和交友机会，也给孩子提供餐饮和洗浴，帮助留守儿童提高日常生活品质。正在建设的公益的社会咨询中心，为孩子和父母提供服务，但是也面临着服务对象回避敏感问题不愿寻求帮助的问题（Ruin，2014）。

寻求发达地区和国家的支持。欧盟经济与民政委员会下面成立了一个留守儿童网络，成员国有法国、意大利、西班牙等劳工输入国，也有拉脱维亚、立陶宛、罗马尼亚、西班牙等劳务输出国。参与的组织包括非政府组织、研究机构和儿童权益监察使，目标是在地区和欧盟水平保护移民劳工家庭的儿童权益，为跨国移民家庭提供支持，尤其是对留守儿童开展调查和提供帮助。

积极寻求非政府组织的支持。罗马尼亚救助儿童基金会在 16 所学校实施了一个"我们一起成长"的项目，提高学生的抗逆力。3 年来，2000 多名学生受益，互相帮助完成作业，通过计算机网络与父母建立起更好地沟通，提供个体心理咨询服务。到 2013 年，70% 的学生的成绩获得了进步。

发挥学校的作用。罗马尼亚的乡村学校扮演了重要角色，Raducaneni 村500 户人家中 150 个父母去国外工作了。学校为孩子开设了戏剧、音乐和美术活动等课外课程，校长和教师承担着父母、医生和朋友的角色（Vdovii，2014）。为了开发留守儿童培训课程，罗马尼亚学校开展需求评估，对人权、非法移民和管理等方面目标受益人群进行需求评估（Vdovii，2014）。

三、留守风险人群和地域特征

我国也存在大量跨国移民留守儿童，但数量上、问题的显示度无法与农村的、国内流动产生的留守儿童相比，解决农村留守儿童问题是国家和社会的当务之急。留守儿童主要分布在经济不发达、抚养比较高的地区，以及父母社会经济地位比较低的家庭。

（一）留守高风险家庭的特征

留守儿童父母的整体文化水平较随迁子女父母差，阻碍了其带孩子进城。留守儿童父亲中不识字的比例达到9.89%，随迁子女的父亲不识字比例只有1.44%。从职业来看，随迁子女父母从事私营或个体经营的比例都超过30%，分别为36.92%和31.2%，20%左右的人当工人。外出务工的留守儿童父母仍有一半左右的人从事农业工作，比如，在城市的郊区县、发达地区农村做农业雇工，从事个体经营的仅有10%左右。留守儿童父母从事的职业地位低收入不高，有人甚至居无定所，因此没有能力将孩子带在身边。

两个群体的父母在教育方式、意识和支持能力上也存在较大差异。例如，当孩子考试失败时，留守儿童报告其父母会安慰鼓励的比例为70%，比进城务工随迁子女的比例低7个百分点，而报告指责、惩罚和不关心的比例较高。留守儿童的父母在孩子课外教育的支持上也与随迁子女的父母有差异，留守儿童周末和寒假上课外辅导班的比例为17%～18%，比随迁子女低了10～15个百分点。留守儿童的访谈和网络论坛数据也显示了留守儿童父母教育意识和方式有待提高。"我17岁了，从小就是奶奶带大，父母从来不管我，但我一有什么错就来短信、电话骂。""我爸一年回来两次，有一次他回来3天，和朋友通宵打牌，我没见到他一眼，最后走那天早上在上学路上遇见我，竟然问我这么早去干什么。然后他告诉我要好好读书就走了。"还有留守儿童说父母每次过年回家以节约为借口什么也不给他买，让他很失望、很气愤。

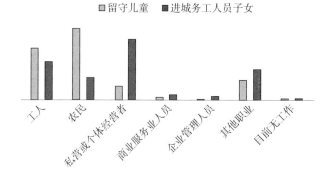

图5.3　留守儿童和随迁子女父亲的职业状况

（二）高留守率省份的特征

经济落后、抚养比高的省份，儿童留守率较高。地方经济发展水平越低父母越有可能将孩子留守在家（见图5.4），各省人均GDP与留守儿童占农村义务教育学生总数的比例显著负相关（$r = -0.417$，$p = 0.02 < 0.05$），在不考虑地区经济发展水平的情况下，农村的生活保障水平与留守儿童比例相关，2010年农村最低生活保障支出水平与留守儿童比例的相关系数达到 -0.463（$p = 0.009$，$df = 31$）。但是考虑人均GDP的影响后不再显著，相关

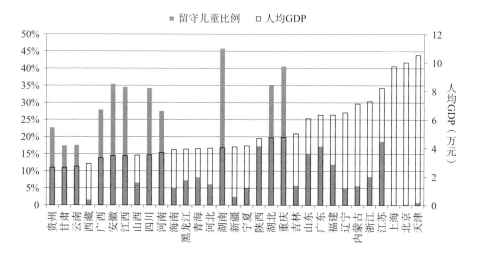

图5.4　2014年各省人均GDP与留守儿童占农村义务教育在校生的比例

数据来源：国家教育事业统计数据和国家统计局数据库。

系数仅为 −0.233（$p = 0.215 > 0.05$）。与留守儿童现象严重程度真正发生关联的是总抚养比，二者的相关系数达到 0.645。在控制了人均 GDP 的影响以后，二者的相关系数仍显著（$r = 0.543$，$df = 28$，$p = 0.002 < 0.01$），即在地区经济发展水平相同的情况下，一个地区的抚养比是决定留守儿童现象严重程度的重要因素，家庭的客观负担程度影响了家庭对孩子的抚养能力。

（三）工资性收入与留守率

在人均 GDP 相同的情况下，外出务工将孩子留守家乡能显著提升家庭的工资性纯收入，农村居民家庭人均工资性纯收入与留守儿童比例达到中等程度的相关（$r = 0.494$，$p = 0.005 < 0.01$，$df = 28$），但是对于家庭的纯收入没有帮助。将 31 个省份按照人均 GDP 和留守儿童比例分别划分为三个等级，人均 GDP 最低的 10 个省份中，留守率最低的省份家庭平均工资性收入为 1202 元，留守率中等省份的平均工资性收入为 2133 元，而留守率较高组的 6 个省份的家庭平均工资性收入为 2846 元。人均 GDP 中等组的省份中，留守率高低两组的家庭工资性收入相差 1533 元（见图 5.5）。可以说，获取工资性收入是经济不发达地区农民将孩子留在家乡，自己外出务工的重要驱力。

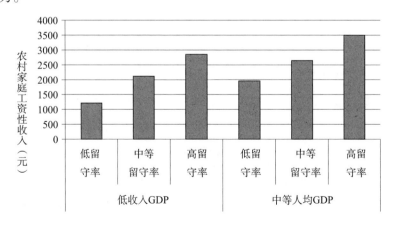

图 5.5　2014 年各省农村居民家庭人均收入与留守儿童比例的关系

数据来源：国家教育事业统计数据和国家统计局数据库。

第三节　从教育内容到结构的改进

从根源上解决留守儿童问题，必须要提高地区经济发展的平衡性，为不发达地区剩余劳动力提供就业机会。还需要加强农村公共服务体系建设、家庭建设等方面的工作，全面提高农村社会的发展环境。教育系统在改进留守儿童处境、阻断贫困和留守的代际传递上具有重要地位。

一、儿童权益保护意识和制度

（一）建立儿童权益监测机制

《国务院关于加强农村留守儿童关爱保护工作的意见》针对完善关爱服务体系和健全救助保护机制两个重点环节，提出了系统的顶层制度设计，依据《未成年人保护法》《婚姻法》强化了家庭监护主体责任，依法提出加强家庭监护监督指导的政策措施；明确家庭、政府、学校和社会责任，构建家庭、政府、学校、社会齐抓共管的关爱服务体系；设计了包括强制报告、应急处置、评估帮扶、监护干预等环节在内的救助保护机制。该文件提出的策略与欧洲国家解决留守儿童问题的策略具有高度一致性，从儿童权益保护出发，确定了民政部作为主管政府部门和机构，并成立未成年人（留守儿童）保护处；试点儿童福利督导员制度，使我国儿童权益问题获得全面的制度性保障。这表现了全社会在儿童权利认识上的飞跃，更是我国社会保障制度的一大进步。留守儿童摸底普查是一种进步，与欧洲儿童权利监测类似，但是，应逐渐进步到关爱所有弱势群体，而不是社会对哪个群体关注度高就监测哪个群体。监测的目的在预防，以此为契机建立起全面的儿童权益监测机制。

（二）素质教育保障受教育权

教育部门在落实儿童权益方面最重要的是在教育教学中尊重儿童权益。教育系统可能在课堂上宣传《未成年人保护法》《儿童权利公约》等法律知识，但在实际工作中缺乏儿童权益保护意识。教育工作中的一些行为与儿童权益保护背道而驰，虽然造成学生辍学的原因很复杂，但是教育部门无论如何推脱不了责任。

中部地区某乡中心校校长反映该乡以及周边乡镇的初中辍学率为20%～30%。××县某乡中心校初中八年级四班在七年级入学时50人，调查时剩38人，学生说有五六名同学不念书了。总的来看，农村初中教学质量越低辍学率越高。附近优质乡村中学年辍学率不超过2%，近两年分别有32名、28名学生辍学。另一位九年一贯制学校校长反映，小学部无辍学现象，中学部有辍学现象。"我校七年级招生119人，现有117人，2人随父母一起打工；八年级招生96人，现有83人，5人转学，8人随父母一起打工；九年级招生91人，现有65人，6人转学，20人随父母一起打工。我校与同类偏远学校流失辍学情况基本相同。"初中留守儿童是辍学高危人群，其主动放弃受教育权与其他权益受到伤害密切相关。

农村学校教育功利主义严重，差生歧视现象普遍。中高考指挥棒促使优质资源向城镇集中。有条件的学生转走了，有关系的老师借调走了，有能力的老师考走了，导致农村教学质量不高。教师们说，素质教育挂在领导嘴上，敷衍在检查上，落实在文件上。学校为了保证升学率，往往实施分班制度，学习好的分配好的教师，学习差的学生分在一起，老师不认真管或者简单粗暴打击。"进学校就像进监狱"，个别教师道德修养不足，侮辱学生人格，挫伤后进学生的自尊心、自信心和学习积极性，一系列因素刺激学生辍学。

实施素质教育是将升学无望的孩子吸引在学校，是让他们学到对人生有价值的东西的必要措施。基础教育阶段要废除按照考试成绩评教师绩效的做法，严厉禁止地方政府对高考状元进行奖励和宣传的行为。农村学校应试教育比城市学校应试教育的危害更大，城市家庭有条件有机会让孩子在校外接受各类教育，而农村从经济条件上和社会资源上都做不到，少数升学走了的学生，大学毕业后基本不会再回农村，而留在农村的人对应试科目没有掌握好，也丧失了学习兴趣，生活中需要的知识和技能更没有学习到，农村逐渐变为低俗文化的欢场。只关注升学科目的做法对农村文化建设和发展是毁灭性打击。

（三）预防关爱体系的挤出效应

有些地方由于留守儿童关爱体系建设比较完善，学校设施完善、教师负责，对留守儿童进行特别关照，比如优先安排住宿、洗澡，教师给免费补课，学校照顾孩子日常生活，教师、公务员公职人员等做代理爸爸、代理妈妈，给孩子买礼物，而父母在家的孩子则享受不到这些待遇，所以，一些外地务工父母非常高兴地表示放心将孩子留在家乡。过度的支持造成父母不愿意回来或者带孩子走，违背了保护孩子的初衷。Madianou 等人（2011）对菲律宾外出工作母亲与其留守孩子的配对研究显示了扶助的挤出效应。外出就业的母亲获得项目资助的手机能够与孩子交流后，感觉自己承担了做母亲的责任，电话与孩子交流使母亲在决定是否回到孩子身边时更自信，但结果是大部分母亲延长了其在国外打工的时间；而孩子则对与母亲的电话交流表现出矛盾的心理，个别孩子对电话交流持积极态度，大部分孩子对其母亲重建母亲角色采取批评意见，希望母亲在身边而不是在电话里问东问西。电话交流无法进行深度的交流以满足情感需求。

受过高等教育、收入比农民工还低的农村教师在教学任务之外，还承担着替外出务工人员照顾孩子的责任，这引起农村教师心理不平衡。农村教师招不进留不住，绩效工资一年平均8000元。农村教师补助金额不高，笔者调研的两个县偏远补贴每月为 200～600 元，农村教龄补贴为 200～460 元。了解该补贴对教师的吸引力时，一位镇区40多岁的男教师说这钱我不挣了，我不愿意动，让年轻教师去吧。照顾留守儿童是经济和精力上的额外负担，教师想尽各种办法离开农村教学岗位。中部地区某乡中心校应有教师 316 人，其中城区学校占编 25 人，政府借调 6 人，其中还有 6 人负责管理工作不教学，初中和小学合计生师比 21.5：1。每年辞职、调离该县的农村教师近300 人。

二、着眼于人生不同阶段教育的赋能

（一）青年农民工的继续教育

本研究显示，留守儿童的父母学历比进城儿童父母的学历低，儿童被留守有一部分原因与父母文化程度过低，没有能力带孩子出去有关。2000 年我国在 85% 的人口覆盖地区基本普及九年义务教育，2011 年才全面普及义务教育。所以，我国还有相当一批青年劳动力没有完成九年义务教育，国家公布的完成率虽然多年在 90% 以上，但也意味着每届学生中都有数百万人没有完成或者没有按时完成义务教育。劳动者过低的文化水平将被排斥在中国制造产业结构调整之外，提高家庭的阶层地位、改善家庭生活质量变得无望，受损的不仅是其本人，也同样包含其子女，造成阶层的代际传递。

教育部和中华全国总工会将联合实施"农民工学历与能力提升行动计划——求学圆梦行动"，重点帮助农民工获得高等教育学历。初中辍学的年轻农民工是最需要接受继续教育的人群。这些人将难以适应快速变化的知识社会，不仅自己的人生将会更加艰难，也会给社会造成巨大负担。政府救助应从最弱势的群体抓起，建议大学、社区教育中心、城乡职业学校办业余成人初中班、夜校，使还有学习意愿的青年有机会入校就读，获得基本学历。

（二）家庭生活责任感和技能培养

儿童在人生中不仅扮演孩子的角色还将承担父母的角色。长期以来，学校教育中更强调"子孝"很少强调"父慈"，教育内容基本不涉及孩子将来怎样做合格父母、怎样经营家庭。关爱和养育孩子首先要求父母有家庭责任感，这种责任感与社会责任感同样重要，当学校教育不涉及这方面教育时，家庭的耳濡目染则变得更加重要，20 世纪 80、90 年代的留守儿童已经成长为父母，其中社会地位没有获得提升的老一代"留守儿童"也正在步其父母后尘将自己的子女留守家乡。新一代留守儿童同样缺乏父母的有关家庭责任的教育。其次，养育儿童也需要特定的知识和技能，这方面教育的缺失对文化程度较低、学习能力较差的人影响较大。从农村社会大环境来说，传统的农业社会是以家庭和家族为中心展开的，给予了家庭关系以浓厚的伦理意义，当前社会分化和社会变迁引起的大面积、多层次的社会流动使农村家庭关系发生巨大变化（蒋臻，2002），农村离婚率不断上升（莫玮俏，史晋川，2015），不离婚也不回家的数量也在攀升，孩子在家庭关系中的纽带作用减弱（雷钟哲，2016）。所以，不仅社区教育机构等社会组织有责任对成人进行家庭责任感、家庭教育意识和能力的培养，学校教育更应从小学阶段就渗透家庭责任感、生养和教育儿童的有关知识、技能。建设留守儿童关爱体系不是为了帮助农民养孩子，联合国儿童权利委员会指出，父母对儿童成长负有首要责任，但政府的职责是向父母提供适当协助，给予他们如何做父母的有关建议和专业支持，增强育儿能力，改善养育子女的整体气氛。

（三）提高留守儿童的抗逆力

留守儿童是社会发展到一定阶段的普遍现象。在经济发达国家，如果父母违反儿童权益保护有关规定，有可能被剥夺监护权或者坐牢，孩子则被送到寄养家庭或者福利中心，这需要国家比较雄厚的财力和较高的公民素质支持。而在经济不发达国家，落实这一制度则非常困难，政府没有经济实力这么做。剥夺外出务工人员对留守儿童的监护权以后，孩子由谁监护？政府有无财力供养？社会领养是否成熟？这也是罗马尼亚无法全面落实留守儿童权益的原因。罗马尼亚非政府组织建议培养学生抗逆力，减少留守身份对儿童发展的伤害。这也是我国留守儿童关爱工作开展较好地区的经验，在学校里配置心理咨询教师、创建儿童活动中心、为学生提供免费网络视频联系家长等。

抗逆力的培养中必须反对以关爱名义给留守儿童贴标签的行为。为了让政绩可视，一些学校各处随时可见"留守儿童"字样，少年宫、活动室门口挂着"留守儿童"，电话上写着"亲情电话"，学校开展十佳、优秀"留守儿童"评比，甚至有校长想建立"留守儿童日"。××县苗集镇中心学校成立留守儿童爱心班，将家庭贫困、品学兼优的学生集中起来，进行统一管理，免费吃住。出发点虽然是着眼于对留守儿童的关爱，但这样做无异于将留守儿童与其他儿童区别开来，不仅容易对留守儿童造成心理伤害，也容易使留守儿童觉得家庭和社会对不起自己，一切帮助都是应该的。这也是为什么有些老师觉得留守儿童不知道感恩的原因之一。

三、农村教育有效供给提升策略

（一）农村学前教育的开端价值

国家为了提高教育普及年限，大力推行普及高中阶段教育，实施职业高中免费教育。但是，大量农村儿童连初中都不能结业，根本不可能去上职业高中，免费高中教育惠及不到最需要帮助的人群。研究证明，学前教育对于提高义务教育巩固率具有重要作用，英美等发达国家都实施了开端计划之类的干预项目，提高低收入家庭儿童早期教育机会和质量。在父母文化程度较低的环境下，学前教育能够帮助农村儿童做好入学准备，有利于农村儿童在未来学业中取得成功。"我国学前教育仍然存在着普及率城乡差异显著、'公益普惠'程度不高、财政性经费占比仍然较低、长效经费投入保障机制有待建立、教师队伍建设还需加强、保教质量仍然有待提高等几个明显的问题"❶。我国学前三年行动计划的公办农村幼儿园大部分仅办到乡镇一级，乡村严重缺乏幼教机构。有些地方虽然建起幼儿园但质量极差，如我们调研的武楼幼儿园，校舍、桌椅很好，但教师不会开展活动，各班孩子散落在教室里看电视。支持农村学前教育发展比免费职业教育对农村人口的发展更有意义。学生如果能够顺利完成学业并愿意继续学业，农村家长也大多有能力、有意愿支持学生继续学习。

（二）小学教育质量的根基价值

农村小学教学能力突出的教师有机会提拔到城市学校或者上一级学校，而学历低、能力差、考核不合格的教师则容易被派到偏远农村小学教学，造成学生学习基础很差。当集中到乡镇上初中时，这些学生很难跟上学习进度。很多学生在英语、物理和化学方面没有过渡时间，小学数学基础薄弱也使许多学生不适应数学变成了代数和几何。如前所述，农村学校应试教育占主导地位，音乐、体育、美术、劳动技术教育等课程在农村学校开不齐的现象还比较普遍，学校学习生活枯燥难熬。当有任何刺激因素产生时，学生很快辍学，辍学以后留守儿童跟随父母外出务工，很难再返回学校。没有完成九年义务教育的儿童在就业市场上处于最低端，长大成家生育以后重蹈父母覆辙，没有能力带孩子外出务工，产生新的留守儿童。因此，降低农村学生辍学率

---

❶　教育部. 学前教育专题评估报告（摘要）［R/OL］.（2015 - 11 - 24）［2016 - 10 - 04］. http：//www. jyb. cn/info/jytjk/201511/t20151124_ 644204. html

必须先抓小学教学质量，大幅提高农村小学教师社会地位。在短时期内，可以先聘请优秀的退休教师、退休科技人员到偏远小学任教，解决小学缺人的燃眉之急。

（三）保障学校致力于教育主业

学校曾经被定义为解决留守儿童问题的主战场，在新的制度下，学校依旧要发挥重要作用。政府不仅要求他们当好教师，还要当好家长、好医生、好保姆、好保安，无形中增加了大量非教学任务。组织留守儿童参与课外活动的费用缺乏，学校在编教师还要在周末无偿提供学生课外活动。由于缺乏资金支持，学生宿舍管理员、食堂员工、保安工作往往需要教师兼任，加重了教师的负担。校长和教师纷纷表示"力不从心，疲于应付"，没有时间和精力踏踏实实地从事本职工作，专心教育教学活动。

《中华人民共和国教育法》对学校权利和义务的规定中均不包括学生的生活保障，学校教师之所以负担如此之重主要在于地方政府责任的转嫁，留守儿童等处境不利儿童生活上的帮扶应由民政部门来承担。政府重视农村社区的民政服务力量建设，有助于让农村学校回归教育教学主业，既有社会效益也有经济效益，提高新生代农村劳动力素质，不仅能够打破留守现象的代际循环，同样也可以提高当地经济发展水平。

参考文献

［1］曹爱军，方晓彤. 西部农村公共文化服务及其制度梗阻［J］. 贵州社会科学，2010，
（3）：76－79.

［2］曹爱军. 新农村公共文化服务发展构想［J］. 四川行政学院学报，2009，（3）：16－18.

［3］曹兆文. 以人为本，反对强迫流动，提高教师的幸福指数［J］. 西安建筑科技大学
学报（社会科学版），2012，31（1）：84－88.

［4］邓睿. 我国中学教师职业成就感问题研究［D］. 上海：华东师范大学，2011.

［5］丁成际. 安徽乡村文化生活现状的调查与思考［J］. 淮南师范学院学报，2015，17
（1）：31－33.

［6］丁瑞常，刘强. 芬兰教育质量监测体系探析［J］. 比较教育研究，2014，（09）：
54－58.

［7］董奇，林崇德主编. 中国6－15岁儿童青少年心理发育关键指标与测评［M］. 北京：
科学出版社，2011：245.

［8］段成荣，周福林. 我国留守儿童状况研究［J］. 人口研究，2005，29（1）：29－36.

［9］费立鹏. 中国的自杀现状及未来的工作方向［J］. 中华流行病学杂志，2004，25
（04）：277－279.

［10］国务院教育督导委员会办公室. 2015年全国义务教育均衡发展督导评估工作报告
［EB/OL］.（2016－02－23）［2016－05－03］. http：//www. moe. gov. cn/jyb_ xwfb/
xw_ fbh/moe_ 2069/xwfbh_ 2016n/xwfb_ 160223/160223_ sfcl/201602/t20160223_
230102. html.

［11］郭玉贵. 美国义务教育财政体制的发展轨迹及对中国的启示［J］. 世界教育信息，
2012，（6）：51－57.

［12］韩清林. 中国特色教育督导制度30多年发展的回顾与思考［J］. 教育实践与研究
A，2011，（11）：4－16.

［13］蒋臻. 农村社会转型中的家庭关系研究［D］. 福州：福建师范大学，2002.

［14］教育督导团办公室. 对英国、法国教育督导和教育评价制度考察的报告［R/OL］. （2011 – 08 – 02）［2016 – 05 – 01］. http：//www. moe. gov. cn/s78/A11/s3077/moe_ 626/201108/t20110802_ 122815. html.

［15］雷钟哲. 别让"悬垂家庭"成了社会动荡的因子［EB/OL］. （2016 – 2 – 25）［2016 – 05 – 03］. http：//opinion. people. com. cn/n1/2016/0225/c1003 – 28150535. html.

［16］李宁. 中国农村地区 15 ~ 34 岁青年人群自杀危险因素研究［D］. 济南：山东大学，2009.

［17］李书文. 通过培养成就感来激励员工［J］. 山西农业大学学报（社会科学版），2004，3（03）：200 – 205.

［18］李燕. 通过培养成就感来激励下属［J］. 经理人，2004，98：66.

［19］利辛县实施五年教育振兴工程成效显著［N/OL］. （2014 – 04 – 21）［2016 – 07 – 12］. http：//ah. people. com. cn/n/2014/0421/c361864 – 21044124. html.

［20］利辛县教育振兴工程第二个五年规划（2014—2018 年）［N/OL］. ［2016 – 07 – 12］. http：//www. bzzwgk. gov. cn/openness/detail/content/547bcaf77f8b9a4b6264eea9. html.

［21］联合国. 世界文化多样性宣言［R/OL］. 2008［2016 – 02 – 12］. http：//www. xjass. com/mzs/content/2008 – 07/04/content_ 16180. htm.

［22］刘成斌. 农民工流动方式与子女社会分化［J］. 中国人口科学，2013，（4）：108 – 116，128.

［23］刘海燕. 法定支出给县乡财政带来的困惑［J］. 预算管理与会计，2009，（1）：42 – 44.

［24］刘伟，朱成科. 农村教育"教师轮岗制度"实施困境及其出路［J］. 现代教育论丛，2010，（6）：39 – 43.

［25］李伦娥. 坚持"两项督导"实现教育优先发展的湖南路径［N］. 中国教育报，2009 – 04 – 01（3）.

［26］马焕灵，景方瑞. 地方中小学教师轮岗制政策失真问题管窥［J］. 教师教育研究，2009，（2）：61 – 64.

［27］莫玮俏，史晋川. 农村人口流动对离婚率的影响［J］. 中国人口科学，2015，（5）：104 – 112，128.

［28］全国妇联课题组. 全国农村留守儿童、城乡流动儿童状况研究报告［J］. 中国妇

运，2013，（6）：30－34.

［29］任春荣. 社会分层对学生成绩的预测效应——一项基于追踪设计的研究［M］. 北京：教育科学出版社，2015：59－62，117－130.

［30］四川省成都市. 推进城乡教育一体化缓解义务教育"择校热"［R/OL］. ［2011－7－15］. http：//www. moe. gov. cn/publicfiles/business/htmlfiles/moe/moe_1485/201107/122224. html.

［31］孙龙. 中国农村15－54岁严重自杀未遂者行为特征及相关因素研究——以13个县样本为例［D］. 济南：山东大学，2015.

［32］孙文慧，高向东，吴文钰，郑敏. 我国城镇化水平的省际差异及分类研究［J］. 西北人口，2005，（4）：2－4.

［33］王玉. 我国研究型大学教师工作成就感的研究［D］. 上海：上海交通大学，2011.

［34］王耘，王晓华. 小学生的师生关系特点与学生因素的相关研究［J］. 心理发展与教育，2002，18（3）：18－23.

［35］邬志辉，李静美，陈昌盛. 农村留守儿童面临成长危机：意外伤害凸显［N］. 中国青年报，2016－01－18（4）.

［36］学校标准化建设暨县域义务教育均衡发展政策解读［EB/OL］. （2015－05－25）［2016－07－09］. http：//www. wljy. cn/wljy/news/8e89b60b－f97a－4fab－b4f7－ff129809dc5f. shtml.

［37］姚梅林. 从认知到情境：学习范式的变革［J］. 教育研究，2003，（2）：60－64.

［38］严若森. 非帕累托改进与相对利益补偿［N］. 中国改革报，2006－06－01（05）.

［39］杨其静，郑楠. 地方领导晋升竞争是标尺赛、锦标赛还是资格赛［J］. 当代社科视野，2014，（01）：38－39.

［40］叶敬忠，王伊欢，张克云，陆继霞. 父母外出务工对农村留守儿童学习的影响［J］. 农村经济，2006，（7）：119－123.

［41］袁桂林. 如何防止城乡教师交流轮岗制度空转［J］. 探索与争鸣，2015，（09）：87－90.

［42］郁建兴，高翔. 地方发展型政府的行为逻辑及制度基础［J］. 中国社会科学，2012，（5）：95－112，206－207.

［43］赵茜. 行政问责让教育督导"硬起来"［N］. 中国教育报，2014－02－19（2）.

［44］赵展慧. 我国城镇化率已达56.1%城镇常住人口达7.7亿［N/OL］. （2016－02－

01）〔2016 - 08 - 01〕. http：//www. china. com. cn/guoqing/2016 - 02/02/content _ 37713840. htm.

［45］张天雪，朱智刚. 非正式制度规约下教师流动实证分析——以桐庐县为例〔J〕. 中国教育学刊，2009，（4）：15 - 18.

［46］周黎安. 中国地方官员的晋升锦标赛模式研究〔J〕. 经济研究，2007，（07）：36 - 50.

［47］周雪光. "逆向软预算约束"一个政府行为的组织分析〔J〕. 中国社会科学，2005，（2）：132 - 143，207.

［48］中国教育报记者（作者不详）. 教材课程向城市化倾斜农村学生缺乏乡村情怀〔N/OL〕.（2015 - 04 - 14）〔2016 - 10 - 04〕. http：//edu. qq. com/a/20150414/026554. htm.

［49］朱智贤. 心理学大词典〔M〕. 北京：北京师范大学出版社，1989：64.

［50］朱汉清. 中国高投资率的制度根源——基于地方官员晋升锦标赛的分析框架〔J〕. 中共南京市委党校学报，2011，（04）：35 - 40.

［51］邹泓，屈智勇，叶苑. 中小学生的师生关系及其学校适应. 心理发展与教育，2007，23（4）：77 - 82.

［52］左晓梅. 关于区域教育均衡发展策略的管理伦理分析〔J〕. 基础教育，2011，8（6）：21 - 25，31.

［53］Are Finnish schools the best in the world？〔R/OL〕（2011 - 5 - 26）〔2016 - 05 - 01〕. http：//www. independent. co. uk/news/education/schools/are - finnish - schools - the - best - in - the - world - 2289083. html.

［54］Azzini，C. Children's Rights Ombudsman〔R/OL〕.（2011 - 25）〔2016 - 09 - 10〕. http：//www. childrenleftbehind. eu/childrens - rights - ombudsman - institution - of - the - republic - of - lithuania/.

［55］Baumeister，R. F.，Brat slavsk y，E.，Muraven，M .，& Tice，D. M . Ego Depletion：Is the Active Self a Limited Resource？〔J〕. Journal of Personality and Social Psychology，1998，74：1252 - 1265.

［56］Barbieri，G.，Rossesi，C.，Sestito，P. The Determinants of Teacher Mobility：Evidence from a Panel of ItalianTeachers〔J〕. Economics of Education Review，2011，30（6）：1430 - 1444.

［57］ Birch, S. H. , & Ladd, G. W. The Teacher – child Relationship and Children's Early School Adjustment ［J］. Journal of School Psychology, 1997, 35: 61 – 79.

［58］ Boethel, M. Diversity: School, Family, and Community Connections: AnnualSynthesis ［R/OL］. 2003 ［2007 – 02 – 18］. http: //www. sedl. org/connections/resources/diversitysynthesis. pdf.

［59］ Brown, J. , Collins, A. , & Duguid, P. Situated Cognition and the Culture of Learning ［J］. Educational Researcher, 1989, 18 (1): 32 – 42.

［60］ Carter, K. G. , & Winecoff, H. L. Across the country: Community schools' Involvement with Service Learning ［J］. Community Educational Journal, 1997, Fall/1998, Winter, 25 (1/2): 5 – 9.

［61］ Chavkin, N. F. & Williams, D. L. Minority Parents and the Elementary School: Attitudes and Practices ［M］. InN. F. Chavkin (Eds) . Families and Schools in a Pluralistic Society (pp. 73 – 83) . Albany, NY: SUNY Press. 1993.

［62］ Children Left Behind . Bulgarian National Meeting: a Focus on the Situation of Children Left Behind ［N/OL］. 2014 ［2016 – 05 – 03］. http: //www. childrenleftbehind. eu/2014/02/focus – situation – children – left – behind/.

［63］ Clark, R. Family Life and School Achievement: Why Poor Black Children Succeed or Fail ［M］. Chicago: University of Chicago Press, 1983: 150 – 203.

［64］ Cortés, R. Children and Women Left Behind in Labor SendingCountries: an Appraisal of Social Risks ［R/OL］. 2007 ［2016 – 05 – 02］. http: //www. childmigration. net/files/Rosalia_ Cortes_ 07. pdf.

［65］ Denton, W. H. Community Education: On the Forefront of Educational Reform (?) Part 1. The Evolution of the Movement ［J］ . Community Educational Journal, 1998, Spring/1999, Summer: 28 – 33.

［66］ Hamre, B. K. , & Pianta, R. C. Early Teacher – child Relationships and the Trajectory of Children's School Outcomes through Eighth Grade ［J］. Child Development, 2001, 72: 625 – 638.

［67］ Hanushek, E. A. , Kain, F. &Rivkin, G. Do Higher Salaries Buy Better Teachers ［R/OL］. 2010 ［2013 – 04 – 05］. http: //www. nber. org/papers/w7082.

［68］ Hollingshead, A. B. Two Factor Index of Social Position (Unpublished manuscript) ［R］.

New Haven: Department of Sociology, Yale University, 1957.

[69] Howard, J. Principles of good practice for service – learning pedagogy [J]. Michigan Journal of Community Service Learning, 2001, Summer: 16 – 19.

[70] Johnson, S. E., Richeson, J. A., & Finkel, E. J. Middle – class and Marginal? Socioeconomic Status, Stigma, and Self – regulation at an Elite University [J]. Journal of Personality and Social Psychology, 2011, 100: 838 – 852.

[71] Kalaoja, E., &Pietarinen, J. Small Rural Primary Schools in Finland: A Pedagogically Valuable Part of the School Network [J]. International Journal of Educational Research, 2009, 48: 109 – 116.

[72] Kounali, D., Robinson, T., Goldstein, H., Lauder, H. The Probity of Free School Meals as a Proxy Measure for Disadvantage [R/OL]. 2008 [2014 – 09 – 03]. http://www.cmm.bristol.ac.uk/publications/working – papers.s3html.

[73] Kosunen, T., & Huusko, J. Shared andSubjective in Curriculum Making—lessons We Learn from Finnish Teachers. In C. Sugrue & C. Day (Eds.), DevelopingTeachers and Teaching Practice. International Research Perspectives [M]. London: Falmer Press, 2002: 234 – 244.

[74] Kramer, H. C. Incentives for Advising [R]. Opinion Papers, 1987.

[75] Kraus, M. W., Côté, S., & Keltner, D. Social class, Contextualism, and Empathic Accuracy [J]. Psychological Science, 2010, 21 (11): 1716 – 1723.

[76] Kraus, M. W., Piff, P. K., & Keltner, D. Social Class as Culture the Convergence of Resources and Rank in the Social Realm [J]. Current Directions in Psychological Science, 2011, 20 (4): 246 – 250.

[77] Lasky, S. The Cultural and Emotional Politics of Teacher – parent Interactions [J]. Teaching and Teacher Education, 2000, 16: 843 – 860.

[78] Lave, J. & W enger, E. Situated Learning: Legitimate Peripheral Participation [M]. Cambridge: Camb ridge University Press, 1991: 98.

[79] Lopez, G. R. The value of hard work: Lessons on Parent Involvement from an (im) migrant Household [J]. Harvard Educational Review, 2001, 71 (3): 416 – 437.

[80] Lulu Garcia – Navarro. Mexican Migrants Leave Kids, Problems Back Home [EB/OL]. (2006 – 05 – 09) [2016 – 05 – 02]. http://www.npr.org/templates/story/story.php?

storyId = 5392227.

[81] Mani, A. , Mullainathan, S. , Shafir, E. , & Zhao, J. Poverty Impedes Cognitive Function [J]. Science, 2013, 341 (6149): 976 – 980.

[82] McKenzie, D. , Gibson, J. & S. Stillman. How Important is Selection? Experimental versus Non – Experimental Measures of the Income Gains from Migration [R]. World Bank Policy Research Working Paper, 2006: 3906.

[83] Meriläinen, M. , & Pietarinen, J. ContextualRelated Professional Activity—Primary School Teachers' career Stages in the Small rural School [R]. Paper presented at theEuropean Conference on Educational Research, Hamburg, 2003, (09): 17 – 20.

[84] Meyers, S. Service Learning in Alternative Education Settings [J]. A Journal of Educational Strategies, Issues and Ideas, 1999, 73 (2): 114 – 117.

[85] Ogbu, J. Variability in minority school performance: A problem in search of an explanation [M] . In E. Jacob, & C. Jordon (Eds) . Minority education: Anthropological perspectives (pp. 83 – 111) . Norwood, NJ: Ablex. 1993.

[86] Pianta, R. C. , Steinberg, M. S. , &Rollins, K. B. The First Two Years of School: Teacher – child Relationships and Deflections in Children's Classroom Adjustment [J]. Development and Psychopathology, 1995, 7 (2): 295 – 312.

[87] Pianta, R. C. Student – teacher Relationship Scale [M]. Lutz, FL: Psychological Assessment Resources, Inc. 2001.

[88] Pietarinen, J. , & Meriläinen, M. Active and Passive—Stages in the Careers of Teachers in the context of small rural schools [J]. Studia Paedagogica, 2008, 13: 65 – 84.

[89] Priester, J . R. , Dhananjay, N, Fleming M A, et al. The A2SC2 Model: the Influence of Attitudes and Attitude Strength on Consideration and Choice [J]. Journal of Consumer Research, 2004, 30 (4): 574 – 587.

[90] Qi, C. , & Kaiser, A. Behavior Problems of Preschool Children from Low – income Families: Review of the Literature [J]. Early Childhood Special Education, 2003, 23 (4): 188 – 216.

[91] Radel, R. , Clement – Guillotin, C. Evidence of Motivational Influences in Early Visual Perception: Hunger Modulates Conscious Access [J]. Psychological Science, 2012, 23 (3): 232 – 234.

[92] Rimm – Kaufman, S. E, La Paro, K. M., Downer, J. T., &Pianta, R. C. The Contribution of Classroom Setting and Quality of Instruction to Children's Behavior in Kindergarten Classrooms [J]. The Elementary School Journal, 2005, 105: 377 – 394.

[93] Ruin, P. Children Left Behind a Growing Problem in EU [R/OL]. (2014 – 1 – 22) [2016 – 03 – 12]. http: //balticworlds. com/children – left – behind/.

[94] Spring, K., Grimm, R., Dietz, N. Community Service and Service – Learning in America's Schools [R]. 2008 [2016 – 02 – 11]. http: //files. eric. ed. gov/fulltext/ED506728. pdf.

[95] Stiefel, L., Berne, R. The Equity Effects of State School Finance Reforms: A Methodological Critique and New Evidence [J]. Policy Sciences, 1981, 13 (1): 75 – 98.

[96] Ussher, B. Involving a Village: Student Teachers' sense of Belonging in Their School – based Placement [J]. Asia – Pacific Journal of Teacher Education, 2010, 38 (2): 103 – 116.

[97] United Nations University Database. [DB/OL]. [2013 – 09 – 30]. http: //www. wider. unu. edu/research/Database/en_ GB/wiid/.

[98] Vickers, H. S., &Minke, K. M. ExploringParent – teacherRelationships: JoiningandCommunicationtoOthers [J]. School Psychology Quarterly, 1995, (10): 133 – 150.

[99] Vdovii, L. Romania's Resilient Generation: The Kids 'Left Behind' Who Get Ahead [EB/OL]. (2014 – 12 – 29) [2016 – 03 – 21]. http: //www. balkaninsight. com/en/article/romania – s – resilient – generation – the – kids – left – behind – who – get – ahead.

[100] World Bank. School Autonomy and Accountability [R/OL]. 2012 [2016 – 01 – 22]. http: //www – wds. worldbank. org/external/default/WDSContentServer/WDSP/IB/2015/05/13/090224b0828b78a3/1_ 0/Rendered/PDF/SABER0school0a0eport000Finland02012. pdf.

[101] Yanovich, L. Children Left Behind: The Impact of Labor Migration in Moldova and Ukraine [R/OL]. (2015 – 01 – 23) [2016 – 01 – 22]. http: //www. migrationpolicy. org/article/children – left – behind – impact – labor – migration – moldova – and – ukraine.

后 记

书稿写完的时候，脑海中跳出一群孩子在村小教室里乱弹琴的景象，当时我悄悄问一个孩子他学多久了，孩子说这是第一次弹。我立刻明白学校在演戏给我们看，学校根本没有能教电子琴的老师。学校的远程教育设备闲置、教学仪器锁在柜子里蒙灰，老师直接说我岁数大了不想用。做师生关系问卷调查的试测座谈时，我们特意请求学校将学生按照家庭条件分组，高低阶层两组学生都很认真对待我们的问卷修订，但是表达方式形成强烈对比，经济条件好的孩子自信满满、欢声笑语地请求在问卷中加上对教师的一些要求，而另一组孩子大气不喘、小心谨慎地帮我们改问卷。为了深入理解留守儿童现象，我潜入留守儿童论坛查看农村青少年儿童的帖子，发现政府的惠民政策总有一些人在谩骂。一个个类似的小故事引发我思考，政府应该怎样做才能提高投入的经济效率和社会效益，让社会底层感受到政府致力于社会公平的决心和努力；教育决策应该怎样做才能更好地提高公平程度，维护社会和谐稳定发展，让人民感受到利益的共享。由此有了本书的产生。

本书的出版得到教育部有关司局的大力支持，在此表示感谢！也感谢编辑刘丽丽对此书出版的大力支持。